# A TUTELA INIBITÓRIA DE OFÍCIO E A PROTEÇÃO DO MEIO AMBIENTE DO TRABALHO

## limites e possibilidades da atuação jurisdicional

**FAUSTO SIQUEIRA GAIA**

*Mestre em Direitos e Garantias Fundamentais pela Faculdade de Direito de Vitória.
Professor convidado no curso de Pós-graduação Lato Sensu em Direito Individual e Processual do Trabalho da Faculdade de Direito de Vitória. Juiz do Trabalho no Tribunal Regional do Trabalho da 17ª Região/ES.
Foi Juiz do Trabalho no Tribunal Regional do Trabalho da 5ª Região/BA e professor convidado no Curso de MBA de Petróleo e Gás na Universidade Cândido Mendes — RJ.*

# A TUTELA INIBITÓRIA DE OFÍCIO E A PROTEÇÃO DO MEIO AMBIENTE DO TRABALHO

## limites e possibilidades da atuação jurisdicional

LTr

**LTr EDITORA LTDA.**

© Todos os direitos reservados

Rua Jaguaribe, 571
CEP 01224-001
São Paulo, SP — Brasil
Fone (11) 2167-1101
www.ltr.com.br

Julho, 2015

Produção Gráfica e Editoração Eletrônica: GRAPHIEN DIAGRAMAÇÃO E ARTE
Projeto de Capa: FABIO GIGLIO
Impressão: PIMENTA GRÁFICA E EDITORA

versão impressa — LTr 5286.1 — ISBN 978-85-361-8516-3
versão digital    — LTr 8759.9 — ISBN 978-85-361-8503-3

Dados Internacionais de Catalogação na Publicação (CIP)
(Câmara Brasileira do Livro, SP, Brasil)

Gaia, Fausto Siqueira

A tutela inibitória de ofício e a proteção do meio ambiente do trabalho: limites e possibilidades da atuação jurisdicional/Fausto Siqueira Gaia. — São Paulo: LTr, 2015.

Bibliografia.

1. Ambiente de trabalho 2. Direito do trabalho 3. Direitos fundamentais 4. Higiene do trabalho 5. Medicina do trabalho 6. Relações de trabalho 7. Segurança do trabalho 8. Tutela inibitória I. Título.

15-03799                                   CDU-34:331.47

Índice para catálogo sistemático:

1. Tutela inibitória em questões ambientais no
   âmbito das relações de trabalho : Meio
   ambiente do trabalho e saúde dos trabalhadores:
   Direito do trabalho
   34:331.47

*A Deus, pelo dom da sabedoria
e por me fazer instrumento
de Sua vontade.*

*Aos meus pais, Maria e Luiz, pelo sacrifício feito durante a vida,
sempre em vista a minha formação profissional.*

*Ao meu irmão Gustavo pelas palavras de incentivo e comentários tecidos
a todo o trabalho.*

*Ao meu orientador e colega de magistratura no Tribunal Regional do
Trabalho da 17ª Região, Professor Dr. Carlos Henrique Bezerra Leite, pelos
comentários, correções, palavras de incentivo, visando sempre à melhoria
do produto da investigação científica, o que redundou na publicação
do presente trabalho.*

*Aos Professores Drs. José Roberto dos Santos Bedaque e João Maurício
Adeodato, pelo convívio e aprendizado adquirido ao longo do curso de
Pós-Graduação Stricto Sensu em Direitos e Garantias Fundamentais,
notadamente nas indicações bibliográficas sugeridas.*

*Aos Professores Drs. Samuel Meira Brasil Júnior, Guilherme Guimarães
Feliciano e Adriano Sant'Ana Pedra, pelos valiosos comentários lançados,
de forma a aperfeiçoar o trabalho apresentado.*

*Aos servidores da 13ª Vara do Trabalho de Vitória, pela compreensão e
pelo incentivo diuturno ao aprimoramento do trabalho.*

*Aos bibliotecários da Faculdade de Direito de Vitória, do Tribunal Regional
do Trabalho da 17ª Região e do Superior Tribunal de Justiça, pelo auxílio no
levantamento de dados bibliográficos.*

*Aos colegas de turma do mestrado e do grupo de pesquisa, pelo convívio e
aprendizado diários.*

# SUMÁRIO

PREFÁCIO ............................................................................................. 11

INTRODUÇÃO ...................................................................................... 15

**Parte I**
**Do positivismo ao pós-positivismo: a construção da norma jurídica na situação concreta**

1. A NORMA JURÍDICA NO PARADIGMA DO POSITIVISMO JURÍDICO ................................................................................................. 23
   1.1. O direito positivo como superação ao direito natural .......... 23
   1.2. O positivismo jurídico e o direito positivo: uma relação de continente e conteúdo e suas características fundamentais ... 27
   1.3. A atuação judicial no estado liberal de direito a partir da concepção juspositivista ............................................................. 31
   1.4. A perspectiva da atuação judicial no estado social de direito e os limites do positivismo jurídico ............................................ 35
   1.5. A perspectiva da atuação judicial no estado democrático de direito na sistemática juspositivista ....................................... 39

2. A NORMA JURÍDICA NO PARADIGMA DO PÓS-POSITIVISMO JURÍDICO ........................................................................................ 43
   2.1. O pós-positivismo como superação do positivismo jurídico clássico ..................................................................................... 43
   2.2. A teoria estruturante da norma de Friedrich Müller no cenário do pós-positivismo jurídico ..................................................... 48
   2.3. As onze fases do processo decisório da dogmática jurídica no estado democrático de direito a partir da metódica jurídica estruturante ............................................................................. 51
   2.4. A legitimidade da atuação jurisdicional na criação da norma jurídica no estado democrático de direito ............................. 61

**Parte II**
**A tutela inibitória de ofício como técnica de efetividade da prestação jurisdicional em matéria de medicina e segurança do trabalho**

3. A TUTELA PREVENTIVA NO PARADIGMA DO ESTADO DEMOCRÁTICO DE DIREITO .................................................. 65
   3.1. As crises do direito e a tutela jurisdicional ..................... 65
   3.2. As classificações das tutelas jurisdicionais ..................... 69
      3.2.1. A classificação ternária das tutelas jurisdicionais de cognição .................................................. 69
      3.2.2. A classificação quinária das tutelas jurisdicionais de cognição .................................................. 73
      3.2.3. Outras classificações das tutelas jurisdicionais de cognição .................................................. 77
   3.3. Os fundamentos da tutela inibitória como expressão de uma tutela preventiva de direitos ........................... 80
   3.4. Os pressupostos para uma tutela inibitória preventiva ........ 86

4. A DEMANDA E A TUTELA JURISDICIONAL À LUZ DA EFETIVIDADE PROCESSUAL ............................................ 91
   4.1. Os elementos de identificação da demanda nas perspectivas da prevenção e da efetividade processual ................. 91
      4.1.1. A relevância da identificação dos elementos da demanda .................................................. 91
      4.1.2. Os elementos subjetivos da demanda: as partes .... 94
      4.1.3. Os elementos objetivos da demanda: a causa de pedir e o pedido ........................................... 98
   4.2. A inefetividade da tutela condenatória repressiva de ressarcimento em matéria de segurança e medicina do trabalho ... 107

5. OS FUNDAMENTOS PROCESSUAIS E MATERIAIS PARA A CONCESSÃO DA TUTELA INIBITÓRIA DE OFÍCIO ................ 113
   5.1. Os fundamentos processuais para uma tutela inibitória de ofício .................................................. 114
      5.1.1. A garantia constitucional do contraditório e da ampla defesa .................................................. 114
      5.1.2. A instrumentalidade das formas e o princípio da ausência de declaração de nulidade sem prejuízo ...... 117
      5.1.3. O acesso à justiça na perspectiva preventiva .......... 119
      5.1.4. A economia processual e a duração razoável do processo .................................................. 121

| | | |
|---|---|---|
| 5.2. | Os fundamentos materiais para a tutela preventiva de ofício | 123 |
| | 5.2.1. O princípio protetivo ................................................. | 123 |
| | 5.2.2. A natureza indisponível e coletiva do direito ao meio ambiente do trabalho saudável ............................... | 126 |
| | 5.2.3. Os princípios da precaução e da prevenção............ | 129 |
| 5.3. | A construção da norma jurídica na situação concreta autorizativa da tutela preventiva inibitória de ofício ....................... | 131 |

**CONSIDERAÇÕES FINAIS** ................................................................. 141

**REFERÊNCIAS BIBLIOGRÁFICAS** ..................................................... 145

# PREFÁCIO

Profundamente honrado e com imensa alegria, recebi o convite para prefaciar este importante livro *A Tutela Inibitória de Ofício e a Proteção do Meio Ambiente do Trabalho: Limites e Possibilidades da Atuação Jurisdicional*, de autoria de Fausto Siqueira Gaia, ora apresentado à comunidade jurídica nacional.

Trata-se de obra que é fruto de oportuna e importante pesquisa realizada por um dedicado magistrado do trabalho, que reúne aspectos teóricos e práticos alusivos a um tema de altíssima relevância para a efetivação do acesso à Justiça como princípio-direito fundamental, mormente no âmbito da Justiça do Trabalho.

O livro é oriundo de dissertação, da qual tive a honra de ser presidente e orientador, defendida brilhantemente pelo autor perante Banca de Mestrado do Programa de Pós-Graduação *Stricto Sensu* em Direitos e Garantias Fundamentais da Faculdade de Direito de Vitória-FDV, na linha de pesquisa da Jurisdição Constitucional e concretização dos direitos e garantias fundamentais.

O objetivo deste livro, portanto, é analisar, sob o enfoque do paradigma do Estado democrático de Direito e com base na teoria estruturante da norma desenvolvida por Friedrich Müller, os limites e os fundamentos para a construção da norma jurídica na situação concreta, o que pode autorizar ao magistrado do trabalho, de ofício, a conceder a tutela inibitória para a prevenção e preservação da sadia qualidade de vida no ambiente laboral.

Para tanto, o autor investiga a transição do positivismo jurídico para o chamado pós-positivismo jurídico, abordando os perfis de atuação do magistrado do trabalho nas atividades intelectivas de interpretação e aplicação do direito, nos paradigmas do Estado liberal de Direito, do Estado social de Direito e do Estado democrático de Direito.

Em seguida, analisa, com a experiência haurida no exercício da função judicante, as diversas formas de tutela jurisdicional à luz do que chama de "crises de direito" material e a preexistência de danos no momento da concessão da tutela em si para reconhecer a ausência de efetividade dos provimentos judiciais condenatórios de ressarcimento em matéria de segurança e medicina do trabalho, razão pela qual propõe, com sólidos argumentos jurídicos, a necessidade de o juiz conceder a tutela inibitória de ofício como meio efetivo de promover o direito fundamental dos trabalhadores à sadia qualidade de vida no ambiente de trabalho.

A obra possui, portanto, tríplice relevância (humana, contemporânea e operativa), na medida em que apresenta ao leitor o grave e tormentoso problema da falta de efetividade dos direitos humanos fundamentais dos trabalhadores, especialmente em um país como o Brasil, com profundas contradições e desigualdades sociais, adverte para a necessidade de uma postura mais proativa do magistrado do trabalho na realização concreta de tais direitos, rompendo, assim, com a cômoda situação de inércia de importante agente estatal diante das violações dos direitos fundamentais nos sítios das relações trabalhistas.

Por tudo isso, parece-me que a presente obra encontra-se em perfeita sintonia com o atual estágio do modelo constitucional de acesso à justiça, o qual deve assegurar o acesso de todos, especialmente dos trabalhadores, aos direitos fundamentais sociais por meio da participação mais ativa do magistrado, o que implica a imperiosa necessidade de uma nova cultura calcada na hermenêutica constitucional concretizadora e fundada no paradigma do Estado Democrático de Direito.

Não poderia deixar de lembrar que o autor desta obra foi um dos mais brilhantes, responsáveis e dedicados alunos que tive no Programa de Pós-Graduação *Stricto Sensu* de Direitos e Garantias Fundamentais da FDV. Sua fidalguia no trato com as pessoas, seu caráter humanístico e, sobretudo, sua disposição em ajudar e dividir seus conhecimentos com os demais colegas contagiou de alegria e solidariedade o ambiente acadêmico, o que, sem dúvida, estimula a produção científica de qualidade.

Estão, pois, de parabéns o autor, por nos brindar com esta excelente obra que, pela sua importância teórica e prática, merecerá ampla acolhida; a LTr Editora, pela divulgação sempre competente do saber jurídico em nosso País; e, principalmente, o público leitor destinatário, como advogados, magistrados, membros do Ministério Público, professores, estudantes e candidatos aos concursos públicos e todos aqueles que almejam conhecer a fundo a tutela inibitória em questões ambientais no âmbito das relações de trabalho.

*Carlos Henrique Bezerra Leite*
Doutor e Mestre em Direito (PUC/SP). Professor do Programa de Mestrado e Doutorado em Direitos e Garantias Fundamentais da FDV-Faculdade de Direito de Vitória, onde leciona Direitos Humanos Sociais e Metaindividuais, e da Graduação da mesma Faculdade, onde leciona Direito Processual do Trabalho. Desembargador do TRT da 17ª Região/ES. Membro da Academia Nacional de Direito do Trabalho. Foi Procurador Regional do Ministério Público do Trabalho, Professor de Direitos Humanos e Processo do Trabalho da UFES e Diretor da EJUD-Escola Judicial do TRT da 17ª Região (biênio 2009/2011).

*É preciso que o sistema processual seja visto não somente como um instrumento de solução de conflitos intersubjetivos (aspecto inegavelmente importante) ou mesmo difusos, coletivos ou individuais homogêneos, mas também e fundamentalmente como instrumento político de realização de justiça social, escopo maior do Estado contemporâneo.*

**Horácio Wanderley Rodrigues**

# Introdução

A nova ordem da economia mundial, inserida no contexto socioeconômico da globalização, e a massificação dos conflitos sociais vêm provocando diversas alterações nas organizações empresariais. Essas mudanças geram reflexos nas relações de trabalho havidas entre empregados e empregadores e entre estes e a sociedade na qual a empresa está inserida.

A busca de espaço no âmbito global passa pela reorganização das atividades negociais, como forma de reduzir os custos de produção e, assim, permitir uma maior competitividade no mercado consumidor.

A pseudoeficiência das atividades empresariais, é alcançada pela precarização das condições de trabalho, especialmente no campo das normas de segurança e medicina de trabalho.

A opção empresarial pela violação de normas de proteção à higidez do meio ambiente de trabalho passa tanto pelos elevados custos envolvidos no cumprimento das normas regulamentadoras do Ministério do Trabalho quanto pela quase certeza de impunidade no descumprimento desse direito fundamental, já que apenas uma pequena parcela de trabalhadores ajuíza reclamações trabalhistas durante a vigência do contrato de trabalho, associado ao fato de que o número de auditores fiscais do trabalho é insuficiente para realizar a fiscalização de todas as empresas instaladas no Brasil.

Além disso, observa-se, na prática diuturna no cotidiano forense, que nas demandas apresentadas pelos trabalhadores individualmente e, mesmo pelos sindicatos de classe em substituição processual, em matéria de segurança e medicina do trabalho, são apresentadas essencialmente pretensões de cunhos condenatórios e ressarcitórios, o que não possuem o condão de inibir a continuação de descumprimento das normas pelos detentores dos meios de produção.

Nesse sentido, apresenta-se a tutela preventiva inibitória, técnica processual positivada, tanto no novo Código de Processo Civil quanto no Código de Defesa do Consumidor, como instrumento idôneo para a efetivação do direito fundamental do trabalhador ao meio ambiente de trabalho saudável, insculpido no art. 7º, XXII da Constituição da República de 1988.

A visão tradicional do processo civil individualista, em que se insere a tutela inibitória, inclusive a postura e a atividade interpretativa do magistrado do trabalho devem ser revisitadas no paradigma do Estado democrático de Direito, diante dos múltiplos conflitos de natureza metaindividual existentes nas relações de trabalho, que refletem inclusive fora dos muros da empresa, como se observa no incremento de aposentadorias precoces dos trabalhadores, decorrentes de doenças ocupacionais, sobrecarregando o sistema de previdência social e de saúde públicas.

A busca pela efetividade do direito fundamental ao meio ambiente de trabalho saudável deve nortear a conduta do magistrado trabalhista que, diante de conflitos de interesses submetidos à apreciação e ao julgamento, ainda que de forma individualizada, deve se valer de técnicas processuais disponibilizadas pelo ordenamento jurídico para assegurar o intento de entregar de forma efetiva e tempestiva a prestação jurisdicional, como se apresenta a concessão da tutela inibitória de ofício, sempre observando a garantia fundamental do contraditório e da ampla defesa.

Nessa perspectiva, apresenta-se a presente obra, que tem por objetivos analisar, sob a perspectiva histórica e nos paradigmas dos Estados liberal, social e democrático de Direito, as formas de atuação do Poder Judiciário, inclusive em relação à atividade interpretativa dos magistrados nos cenários do positivismo e do pós-positivismo, especificar os problemas de efetividade dos provimentos jurisdicionais condenatórios de ressarcimento para a proteção do meio ambiente do trabalho e apontar os requisitos e fundamentos de direito material e de direito processual que devem ser observados, para conferir validade e legitimidade, na construção da norma jurídica que concede a tutela inibitória de ofício.

O presente estudo buscará oferecer resposta ao seguinte problema: quais são os fundamentos e os limites da atuação jurisdicional no processo construtivo da norma jurídica, que autorizam a concessão da tutela inibitória de ofício, com o intuito de garantir a efetividade do direito fundamental ao meio ambiente de trabalho saudável?

A resolução do problema de pesquisa observará a metodologia dialética, inclusive valendo-se da pesquisa exploratória e bibliográfica para o suporte dos resultados obtidos.

O estado da arte partirá de um cenário tomado na perspectiva liberal do direito processual, ainda verificada atualmente com grande incidência na atividade jurisdicional, no qual o magistrado do trabalho deve se limitar, no exercício interpretativo dos institutos do direito adjetivo, ao disposto no texto legislado, sendo-lhe vedado o exercício do criacionismo de normas jurídicas.

A partir da busca da efetividade dos direitos fundamentais, especialmente daqueles que demandavam a prestação positiva do Estado, passa-se a admitir, ainda que no cenário do positivismo jurídico, um ativismo judicial para a efetivação dos direitos, mas ainda equiparando, na atividade interpretativa processual, o texto de lei com a norma jurídica propriamente dita.

A massificação dos conflitos, que contribui para a disseminação de demandas individuais e de caráter essencialmente repressivo e, consequentemente, para a elevação da taxa de congestionamento do Poder Judiciário, requer uma revisitação do papel do magistrado do trabalho, diante dos conflitos metaindividuais.

Não obstante o avanço encontrado na atividade de interpretação do direito nos modelos do liberalismo e do Estado social, esta se revelou insuficiente para a resolução dos novos conflitos de interesses apresentados na sociedade brasileira.

A necessidade de uma tutela jurisdicional com aspecto preventivo de litígios exige do magistrado do trabalho, no paradigma do Estado democrático de Direito, uma releitura dos institutos processuais à luz do texto constitucional, tomando por base a triste realidade de ser a Justiça do Trabalho uma "justiça de desempregados".

Assim, ao se desvencilhar o texto legal com a norma jurídica criada diante da situação concreta, abre-se a possibilidade de reinterpretar o direito processual como instrumento para a garantia da efetividade do direito fundamental social ao meio ambiente de trabalho saudável.

O desenvolvimento do trabalho implicará a divisão em duas partes: a primeira delas, destinada à análise das teorias da aplicação e interpretação da norma jurídica pelos órgãos jurisdicionais nos paradigmas do Estado liberal de Direito, do Estado social de Direito e do Estado democrático de Direito, e uma segunda parte, dedicada à dogmática jurídico-processual propriamente dita, que tratará da tutela preventiva inibitória de ofício e seus fundamentos processuais e materiais, inseridos no cenário de concretização da norma no pós-positivismo.

A primeira parte, decomposta em dois capítulos, versará no momento inicial sobre a análise do processo de ascensão do paradigma do positivismo jurídico, em superação ao modelo jusnaturalista, até então dominante, apontando em caráter reflexivo os fundamentos históricos, políticos e econômicos que levaram à necessidade de conceber o direito positivo como fonte única de conhecimento e de regulação da vida em sociedade.

A partir da consolidação da corrente jurídico-filosófica juspositivista, serão analisados os limites interpretativos e os papéis na atuação dos magistrados nas vertentes estatais e constitucionais dos Estados liberal, social e democrático de Direito.

Fixadas as premissas interpretativas do juspositivismo, o momento final da primeira parte estará reservado à análise do cenário pós-positivista. Esse paradigma é marcado pela necessidade de imprimir ao direito um conteúdo humanístico, por uma leitura constitucional dos institutos jurídicos processuais, especialmente em razão das fragilidades e insuficiências encontradas no modelo positivista do direito, fundado na separação dos campos do "ser" e do "dever-ser" e no desapego do elemento ético da decisão, para a solução dos conflitos de massa.

Para tanto, tomando como fundamento doutrinário a teoria estruturante da norma desenvolvida por Friedrich Müller, será desenvolvida a proposição de que o juiz do trabalho, enquanto intérprete autêntico, apenas diante da situação concreta, é capaz de formular a norma jurídica aplicável, tendo como ponto de partida o texto de lei positivado pelo órgão legiferante. A partir da indicação das etapas que devem ser observadas no processo de concretização da norma, confere-se à decisão judicial a validade e a legitimidade necessárias no cenário pós-positivista.

A segunda parte do trabalho, dividida em três capítulos, é destinada ao estudo da tutela inibitória de ofício como técnica de efetividade da prestação jurisdicional em matéria de medicina e segurança do trabalho.

O terceiro capítulo, inaugurando a segunda parte do trabalho, está reservado ao estudo específico das tutelas jurisdicionais, ou seja, das respostas estatais às demandas apresentadas pelas partes para a solução das crises de direito material.

Nesse estágio, serão tratadas e trabalhadas, a partir da correlação entre a crise de direito material e a resposta do Estado-juiz, as classificações ternária e quinária das tutelas jurisdicionais, além de outras formas de categorização das tutelas, especialmente aquela que distingue as tutelas em preventivas e repressivas.

Além desses aspectos, serão apresentados os pressupostos e os fundamentos constitucionais e processuais para a concessão da tutela preventiva inibitória.

O capítulo subsequente enveredará no campo da análise dos elementos constitutivos da demanda e a sua influência na tutela jurisdicional proferida, a partir do exame do princípio processual da correlação ou da adstrição entre o objeto da demanda e o objeto da sentença.

A partir de um estudo reflexivo da relevância no campo processual dos elementos subjetivos (parte) e objetivos (causa de pedir e pedido) de identificação da demanda, passa-se no momento final a analisar a falta de efetividade das tutelas decorrentes de reclamações trabalhistas com pedidos imediatos condenatórios de ressarcimento e de compensação pecuniária, envolvendo o direito fundamental social ao meio ambiente do trabalho saudável.

O derradeiro capítulo da presente obra tratará dos fundamentos de direito processual e de direito material para a concessão da tutela inibitória de ofício pelo juiz do trabalho no cenário pós-positivista.

Serão apresentados as garantias e os princípios fundamentais do contraditório e da ampla defesa, do acesso à justiça, da duração razoável do processo, além dos princípios processuais da instrumentalidade das formas, da ausência de declaração de nulidade sem a prova do prejuízo e da economia processual como balizadores e fundamentos que justificam e autorizam a atuação do magistrado no Estado democrático de Direito *ex-officio* na concessão da tutela.

Além dos fundamentos de direito processual, serão apresentados os fundamentos de direito material que amparam a atuação do magistrado para além dos limites subjetivos e objetivos da demanda.

A partir da visão instrumental do processo, que o concebe como meio para a efetivação do direito material, é necessário socorrer-se também dos princípios fundantes do próprio direito material do trabalho, como os princípios da proteção, o da indisponibilidade absoluta do direito metaindividual ao meio ambiente do trabalho saudável, o da prevenção e o da precaução para, a partir da teoria estruturante da norma, apresentar a possibilidade de construção da norma jurídica que autorize, diante da situação fática concreta, a concessão *ex-officio* da tutela inibitória.

O trabalho, nesse sentido, a partir da teoria de base desenvolvida pelo constitucionalista alemão Friedrich Müller e alicerçado nos pilares da instrumentalidade do processo e da busca da efetividade do direito material, permitirá o desenvolvimento de uma construção que permita ao juiz do trabalho extrapolar os limites da demanda, ainda que individualmente proposta, e conceder uma tutela preventiva inibitória de ofício.

# Parte I

**Do positivismo ao pós-positivismo: a construção da norma jurídica na situação concreta**

# 1. A NORMA JURÍDICA NO PARADIGMA DO POSITIVISMO JURÍDICO

## 1.1. O DIREITO POSITIVO COMO SUPERAÇÃO AO DIREITO NATURAL

A análise do paradigma[1] do positivismo jurídico exige a prévia compreensão de suas bases e origens, especialmente pelo fato de que o seu surgimento não se deu de forma espontânea e descontextualizada no cenário histórico.

O conhecimento das bases do positivismo jurídico, ou seja, do direito positivo, bem como dos fundamentos do modelo anterior de organização normativa, ainda que em linhas gerais, ganha importância no presente estudo, que objetiva analisar os limites e possibilidades da atividade criativa e de concretização[2] da norma jurídica por parte do Poder Judiciário.

A noção de direito positivo, embora tenha sido sistematizada e consolidada a partir da Idade Moderna com o estabelecimento do Estado liberal, é analisada desde a Antiguidade Clássica, por filósofos como Aristóteles[3]. O discípulo de Platão diferenciava o direito positivo do direito natural, não obstante ambos terem o objetivo comum de estabelecer os regramentos de conduta humana na sociedade.

Nesse contexto, o direito natural era concebido e distinguido do direito positivo tendo em consideração critérios envolvendo a circunscrição espacial e temporal de seu campo de observância.

---

(1) O termo paradigma é tomado no presente trabalho em conformidade com o conceito apresentado por KUHN, Thomas S. *A estrutura das revoluções científicas*. Trad. Beatriz Vianna Boeira e Nelson Boeira. São Paulo: Perspectiva, 1994. Na citada obra, paradigmas são definidos como "realizações científicas universalmente reconhecidas que, durante algum tempo, fornecem problemas e soluções modelares para uma comunidade de praticantes de uma ciência".

(2) O termo concretização (*normkonkretisierung*), no presente trabalho, é entendido como "interpretação e aplicação do Direito", conforme apresentado por MÜLLER, Friedrich. *O novo paradigma do direito*: introdução à teoria e metódica estruturantes. Tradução de Peter Naumann. 3. ed. São Paulo: Revista dos Tribunais, 2013. p. 11.

(3) BOBBIO, Norberto. *O positivismo jurídico*: lições de filosofia do direito. Tradução e notas de Márcio Pugliesi, Edson Bini e Carlos E. Rodrigues. São Paulo: Ícone, 2006. p. 17.

A partir desses balizadores distintivos, o direito natural destacava-se do direito positivo pela sua ampla abrangência no espaço, o que importava na sua aplicação para além dos aspectos territoriais de uma comunidade, ante o caráter universalizante. O direito positivo, ao revés, era concebido com o âmbito de abrangência de seus efeitos jurídicos limitados à zona de influência de seus elaboradores.

Além desse fator diferenciador, o momento em que deveria ser observado pelos membros da sociedade traçava também a sua diferença com a visão positiva do direito. Tendo em vista que o direito natural não era posto de forma escrita, as normas jurídicas oriundas do direito positivo eram cumpridas independentemente de juízos de valor de seus destinatários, ao passo que o direito positivo, uma vez estabelecido, não autorizava o cumprimento discricionário dos destinatários do comando normativo.

O desvelamento das normas do direito natural dava-se pela atividade cognoscente de seus destinatários e eram aplicadas com fundamento na razão, uma vez que segundo Clarissa Franzoi Dri[4], no direito natural, "existe uma ordem natural e eterna, que se traduz na existência de um universo já legislado".

As normas de direito positivo, por outro lado, demandam para a sua cognição o prévio estabelecimento por parte dos legitimados durante o processo de constituição, já que não se tratam de normas dadas com fundamento em elementos da metafísica.

Equivocado é, portanto, o raciocínio que compreende o direito positivo como limitado ao conjunto de normas postas pelo legislador ou por autoridade com competência material legiferante. Ao se entender desse modo, é renegado ao costume jurídico o atributo de fonte do direito positivo, como foi defendido na escola histórica do direito[5], predecessora desse paradigma.

A mesma crítica se reproduz ao cingir o direito positivo ao direito escrito, pois o que o caracteriza nesse momento diz respeito ao modo de seu estabelecimento e de conhecimento por parte dos destinatários das normas jurídicas.

As distinções entre direito natural e direito positivo realizadas por Aristóteles influenciaram sobremaneira os períodos históricos subsequentes. Durante o domínio do Império Romano, o direito positivo distinguia-se do direito natural por ter aquele alcance limitado a determinado povo e pelo

---

(4) DRI, Clarissa Franzoi. Antiformalismo jurídico *versus* jusnaturalismo: uma releitura crítica. *Revista da Ajuris*, Porto Alegre, ano XXXVI, n. 116. p. 117, dez. 2009.
(5) CAMARGO, Margarida Maria Lacombe. *Hermenêutica e argumentação*: uma contribuição ao estudo do direito. 3. ed. rev. atual. Rio de Janeiro: Renovar, 2011. p. 74.

fato de ser elaborado por entidades legalmente legitimadas, o que, por consequência, traz a possibilidade de alteração das normas jurídicas ao longo do tempo.

Ainda que não sistematizada, essa distinção realizada pelos romanos é decorrente da própria dicotomia espacial e temporal anteriormente analisada. A linha mestra de divisão desses paradigmas nesse cenário apresenta maior sofisticação distintiva já que, ainda que de forma rudimentar, há a segregação da noção do direito como fato e como valor.

O direito positivo, nesse momento histórico, é compreendido como um fato criado, já que a sua noção abrange apenas aquelas normas concebidas por entidade com atribuição material legislativa. Assim, o direito posto por entidades legitimadas assumiria o lugar de direito positivo, contrapondo-se ao direito natural tido como valor[6] preexistente na sociedade e vigente além dos muros do Império Romano.

Na Idade Média, a compreensão de direito positivo é mantida como sendo aquele que congrega o conjunto de normas jurídicas elaboradas pelo homem, ou seja, estabelecidas por um órgão legitimado destinado a sua produção. O direito natural, nesse momento, é definido, segundo Bobbio[7], como sendo aquele posto pela própria natureza ou mesma por entidades divinas, ou seja, com fundamentos metafísicos.

Embora o estudo neste capítulo tenha, neste momento, o escopo de analisar aspectos da construção da norma jurídica, a sistematização de traços distintivos entre os paradigmas do direito natural e do direito positivo tem o papel de compreender as premissas interpretativas dos modelos jurídicos positivistas, a partir da Idade Moderna, quando se desenvolveu o embrião do modelo jurídico-filosófico do positivismo jurídico[8].

Como já examinado, desde os primórdios o direito natural era tido como um conjunto de normas dadas por algo ou alguém, o que de certo modo implicava a sua indefinição cognitiva, o que refletia na própria forma de atuação judicial, em que o juiz era tido como o revelador das normas jurídicas, conforme aponta Clarissa Franzoi Dri[9].

---

(6) As distinções entre direito como fato e valor são feitas por Norberto Bobbio na obra citada entre as páginas 135 e 146.
(7) BOBBIO, Norberto. *O positivismo jurídico*: lições de filosofia do direito. Tradução e notas de Márcio Pugliesi, Edson Bini e Carlos E. Rodrigues. São Paulo: Ícone, 2006. p. 19.
(8) A noção de juspositivismo, que será tratada no tópico subsequente do trabalho, é dissonante daquela que contempla a expressão direito positivo, muito embora aquele seja entendido como sendo a corrente jurídico-filosófica que somente reconhece apenas o direito positivo como fonte das normas jurídicas. Extrai-se daí, portanto, que a relação entre ambos é de continente e conteúdo, em que o direito positivo é a substância do juspositivismo. Essa distinção se revela importante, já que o jusnaturalismo, ao revés, embora reconheça a existência do direito positivo o coloque em segundo plano de importância em relação ao direito natural.
(9) DRI, Clarissa Franzoi. Antiformalismo jurídico *versus* jusnaturalismo: uma releitura crítica. *Revista da Ajuris*, Porto Alegre, ano XXXVI, n. 116. p. 117, dez. 2009.

A colocação dos elementos religiosos ou mesmo da natureza como fundamentos metafísicos do direito natural contribuiu para a acepção do direito como valor, carregado de elementos éticos e morais, mas que por outro lado gerava fragilidade no elemento certeza jurídica exigido em um conjunto de normas que tem por escopo regular a vida em sociedade.

Fruto do racionalismo, a concepção de direito natural autorizava o próprio descontrole da atividade de interpretação e aplicação do direito pela autoridade judicante, donde redundaram reações para o controle da atividade jurisdicional.

O ideal da segurança jurídica, necessário no momento de nascimento do sistema de produção capitalista[10], e a necessidade de centralização administrativa dos Estados modernos na figura do rei, demandavam que a produção do direito fosse concentrada dentro desse novo organismo social chamado Estado, assumindo o espaço deixado pelo direito natural.

Acerca da centralização da produção normativa no Estado, assevera Bobbio[11] que:

> [...] a sociedade assume uma estrutura monista, no sentido de que o Estado concentra em si todos os poderes, em primeiro lugar aquele de criar o direito: não se contenta em concorrer para esta criação, mas quer ser o único a estabelecer o direito, ou diretamente através da lei, ou indiretamente através do reconhecimento e controle das normas de formação consuetudinária.

Embora com o advento do Estado moderno a produção do direito positivo tenha passado a ser incumbência estatal, e ainda que, no caso dos costumes, essa atribuição seja feita de forma indireta, por meio da chancela do reconhecimento de sua validade e eficácia jurídica para suprir as lacunas porventura existentes no direito positivo posto, não houve a completa eliminação do reconhecimento do direito natural, fundado no elemento da razão.

O giro verificado no direito natural nesse momento é circunscrito ao abandono da metafísica, com fundamento na religião, como fonte de conhecimento e de origens das normas.

A racionalidade do iluminismo fundamenta o direito natural, cuja origem é decorrente da própria natureza das coisas. Cabe ao intérprete de matriz

---

(10) MOREIRA, Nelson Camatta. A interpretação hermenêutica e o paradigma do direito racional formalista. *Revista Estudos Jurídicos*, São Leopoldo, vol. 38, n. 2. p. 84, maio/ago. 2005.

(11) BOBBIO, Norberto. *O positivismo jurídico*: lições de filosofia do direito. Tradução e notas de Márcio Pugliesi, Edson Bini e Carlos E. Rodrigues. São Paulo: Ícone, 2006. p. 27.

natural, por meio do exercício da razão, extrair da própria natureza os fundamentos norteadores da conduta humana, o que de certo modo estimula o subjetivismo combatido com o ideal do direito positivo.

A abertura normativa do direito natural nesse cenário entra em rota de colisão com o ideal da segurança jurídica do direito positivo, o que, segundo Luís Roberto Barroso[12], culminou com a sua marginalização em importância como fonte normativa de normas jurídicas a partir do século XIX.

## 1.2. O POSITIVISMO JURÍDICO E O DIREITO POSITIVO: UMA RELAÇÃO DE CONTINENTE E CONTEÚDO E SUAS CARACTERÍSTICAS FUNDAMENTAIS

A definição de positivismo jurídico assume grande complexidade estrutural considerando as diversas vertentes assumidas pelas diferentes escolas do pensamento jurídico ocidental.

O direito positivo desde os primórdios teve, como visto no tópico anterior, o objetivo de imprimir segurança e certeza às relações sociais por ele regulamentadas por um conjunto de normas jurídicas.

O pressuposto da segurança jurídica conduz aos fundamentos conceituais do positivismo jurídico. Este deve ser entendido, em linhas gerais, como sendo a corrente jurídico-filosófica que procura conhecer cientificamente o direito a partir do estudo das normas jurídicas postas.

O juspositivismo passa a ser concebido, segundo Bobbio[13], como sendo "aquela doutrina segundo a qual não existe outro direito senão o direito positivo". Desse conceito, extrai-se que o elemento central do positivismo jurídico é a norma jurídica positivada, tida como única fonte de conhecimento e de conteúdo.

A certeza e a objetividade jurídicas, que fundamentam o juspositivismo, são alcançadas por meio do primado da lei em sentido estrito. As normas de conduta em sociedade passam a ser elaboradas por órgãos estatais que, expressamente, definem os limites da atuação individual, bem como de proteção das liberdades individuais perante a atuação do Estado.

Em um primeiro momento, essa nova corrente jurídico-filosófica serviu tanto para justificar a intervenção estatal nas relações privadas quanto para regular as relações entre os próprios particulares, estabelecendo a elas a

---
(12) BARROSO, Luís Roberto. Neoconstitucionalismo e constitucionalização do direito. *Boletim de direito administrativo*, São Paulo, ano 23, n. 1. p. 20-49, jan. 2007.
(13) BOBBIO, Norberto. *O positivismo jurídico*: lições de filosofia do direito. Tradução e notas de Márcio Puglesi, Edson Bini e Carlos E. Rodrigues. São Paulo: Ícone, 2006. p. 26.

segurança jurídica necessária para o desenvolvimento do então incipiente modo de produção capitalista.

A centralização política na Idade Moderna na figura do Estado, que tem o rei como soberano, demandava a confecção de normas objetivas que impediam os operadores do direito o recurso ao julgamento com fundamentação na equidade, ou mesmo em outro argumento metafísico decorrente da razão. Nesse aspecto, o embrião do positivismo jurídico é confundido com o seu próprio objeto, qual seja a norma jurídica positivada.

Diante da relação de conteúdo e continente entre o direito positivo e juspositivismo, tem-se que as características dessa nova corrente jurídico--filosófica são diretamente influenciadas pelos predicados daquele direito.

O direito positivo é caracterizado e distinguido do direito natural em razão do espectro de abrangência de suas normas[14]. Os preceitos de direito positivo, tendo em vista a fonte de sua produção, têm escopo delimitado no espaço, já que se tratam de normas elaboradas, em regra, pelo próprio Estado.

Os costumes jurídicos, segundo esse mesmo critério utilizado, são também considerados fontes de direito positivo, mesmo que frutos de elaboração fora do âmbito da máquina estatal, já que são espacialmente delimitados quanto ao âmbito de aplicação.

Dessa forma, tendo o conteúdo do juspositivismo a característica da estatização, é construído o primado da legislação como fonte predominante e imperativa do direito nessa corrente jusfilosófica.

Assinala, ainda, Bobbio[15] que o direito positivo também é caracterizado em razão de outros cinco elementos: a mutabilidade das normas jurídicas, a fonte do direito, a forma de reconhecimento pelos destinatários, o objeto do direito e quanto ao critério de valoração.

Pelo critério da mutabilidade, reconhece-se a transitoriedade do direito positivo no tempo. Não se quer com isso afirmar, todavia, que o direito positivo possui intermitência no tempo, mas, sim, que as normas, como objetivam regular a vida em sociedade, são cambiantes consoante a alteração das condições sociais para as quais foram concebidas.

A possibilidade de alteração das normas de direito positivo no âmbito temporal induz ao pesquisador a busca por suas fontes e, por consequência, uma forma de reconhecimento legítimo dos seus destinatários.

---

(14) FERNANDES, Ricardo Vieira de Carvalho; BICALHO, Guilherme Pereira Dolabella. Do positivismo ao pós-positivismo jurídico. *Revista de Informação Legislativa*, Brasília, ano 48, n. 189. p. 105-131, jan./mar. 2011.

(15) BOBBIO, Norberto. *O positivismo jurídico*: lições de filosofia do direito. Tradução e notas de Márcio Pugliesi, Edson Bini e Carlos E. Rodrigues. São Paulo: Ícone, 2006. p. 22-23.

O direito positivo, nesse aspecto, tem como fonte geradora a própria vontade humana, que pode ser tanto manifestada pelo ato da autoridade legitimada para a produção normativa[16] quanto pela adesão coletiva ao longo do tempo a um padrão de comportamento instituído pela própria sociedade e que se torna obrigatório em razão da própria observância por seus membros.

O direito positivo, ao ter origem da vontade humana, permite a sua cognoscibilidade pelos destinatários da norma, que poderão ter regulados os seus padrões de comportamento em sociedade.

Diante desse aspecto do direito positivo, são extraídos os elementos da coação e da imperatividade do positivismo jurídico. Essa corrente jurídico-filosófica pressupõe a existência de normas jurídicas cogentes, cognoscíveis de seus destinatários e que se fazem valer por um comando imperativo. Retiram-se, portanto, dessa noção as características da imperatividade e da coatividade que identificam o juspositivismo.

Além disso, como o padrão de comportamento é regulado por normas cognoscíveis pelos destinatários, tem-se que o positivismo jurídico pressupõe a completude do ordenamento jurídico, que é visto sem a existência de lacunas.

Por fim, os últimos elementos caracterizadores, assinalados por Bobbio[17], apontam que o direito positivo é definido pelo fato de ser o seu conjunto de normas despidas do elemento valorativo. Não significa dizer que as normas jurídicas sejam isentas de conteúdo ético, mas, sim, que esse substrato é indiferente na aferição do seu elemento de validade.

Essa marca do direito positivo influencia diretamente o seu continente, o juspositivismo. No positivismo jurídico, a norma jurídica ou é válida ou inválida pelo simples fato de ela ter sido emanada pela autoridade competente, com fundamento na norma fundamental[18], independentemente da valoração de seu conteúdo.

Seguindo essa linha, João Maurício Adeodato[19] aponta que:

> Filosoficamente, pode-se dizer que o positivismo jurídico caracteriza-se por aceitar que o direito resulta de um ato de poder competente, podendo assumir qualquer conteúdo. Ele é autorreferente, é proce-

---

(16) KELSEN, Hans. *Teoria pura do direito*. Tradução de João Baptista Machado. 6. ed. São Paulo: Martins Fontes, 1998. p. 250.
(17) BOBBIO, Norberto. *O positivismo jurídico*: lições de filosofia do direito. Tradução e notas de Márcio Pugliesi, Edson Bini e Carlos E. Rodrigues. São Paulo: Ícone, 2006. p. 23.
(18) KELSEN, Hans. *Op. cit.*, p. 221.
(19) ADEODATO, João Maurício. *Ética e retórica*: para uma teoria da dogmática jurídica. São Paulo: Saraiva, 2002. p. 195.

dimental, é de certo modo irracional quanto ao conteúdo, à medida que recusa um paradigma externo que configuraria a possibilidade de uma matéria ética "necessária".

A análise da substância da norma jurídica é desprezada no positivismo jurídico, em que os intérpretes e os aplicadores da norma em seu desiderato se limitam a verificar a subsunção à situação concreta posta, ou seja, aspectos da estrutura formal, e sua aplicação mecânica.

Os aspectos valorativos da norma jurídica, ou mesmo de sua conveniência e oportunidade quanto à sua produção, são limitados aos órgãos produtores da norma no momento de sua elaboração.

Assinala Andres Ollero Tassara[20] que, dentre os elementos fundamentais do positivismo jurídico, está a separação dos campos da moral e do direito, tendo em vista a cisão entre o ser e o dever-ser.

Nesse sentido, a vertente do positivismo na ciência jurídica pressupõe o reconhecimento do direito como um fato em si, e não como valor, em nome da segurança jurídica, que deve nortear as relações sociais.

O positivismo jurídico, embora tenha como escopo regular a conduta humana, pressupõe o olhar avalorativo por parte do intérprete, o que implica, por consequência, a limitação da atividade exegética em mero ato declarativo da vontade do legislador.

As consequências da visão despida do elemento valor do positivismo jurídico serão observadas no modo de atuação judicial ao longo dos paradigmas do Estado liberal de Direito, do Estado social de Direito e do Estado democrático de Direito, conforme estudo a ser realizado nos tópicos subsequentes dessa primeira parte do trabalho.

Uma consideração, que se faz relevante antes de prosseguir no exame desses paradigmas, diz respeito ao fato de que estes devem ser compreendidos de modo conjugado, e não de forma compartimentada, estanques entre si.

A leitura mais apressada desses paradigmas pode levar à conclusão equivocada de que o modelo do Estado liberal de Direito foi sucedido de forma linear pelo paradigma do Estado social de Direito e, posteriormente, pelo Estado democrático de Direito.

No modelo jurídico brasileiro, por exemplo, não obstante constar no preâmbulo da CRFB a instituição desse paradigma democrático de Estado,

---

(20) TASSARA, Andres Ollero. A crise do positivismo jurídico: paradoxos teóricos de uma rotina prática. *Revista dos Tribunais*: cadernos de direito tributário e finanças públicas, São Paulo, ano 1, n. 1. p. 7-32, out./dez. 1992.

em diversos institutos jurídicos, a aplicação do Direito ainda segue o modelo do liberalismo clássico.

## 1.3. A ATUAÇÃO JUDICIAL NO ESTADO LIBERAL DE DIREITO A PARTIR DA CONCEPÇÃO JUSPOSITIVISTA

O Estado liberal de Direito, em cujas concepções jurídico-normativa, política e organizacional sofreu a influência das revoluções americana, francesa e industrial do século XVIII, assentou-se no modelo constitucional fundado na tríade de direitos fundamentais que demandavam em um primeiro momento a abstenção estatal.

Esses direitos, classificados pela doutrina como de primeira dimensão[21], notadamente a liberdade, a igualdade e a propriedade, foram elevados à categoria constitucional em um primeiro momento como forma de assegurar a ascensão da classe burguesa[22] e o incremento do sistema capitalista de produção.

O desenvolvimento da burguesia pós-revoluções liberais demandava do Estado de Direito a menor intervenção possível na esfera particular. Eram asseguradas as liberdades públicas, em que era dado ao particular fazer tudo aquilo que a lei não expressamente vedava. A intervenção do Estado no campo privado dava-se apenas de modo excepcional, observada sempre a legalidade em sentido estrito, ou seja, a prévia existência de preceito legal que autorizasse a interferência no domínio social.

No aspecto jurídico-político, merece destaque o fato de o Estado liberal de Direito burguês ter sido fundamentado no plano da organização a partir da teoria da separação dos poderes, desenvolvida na Idade Moderna por Montesquieu[23], quando os poderes Legislativo, Executivo e Judiciário tinham suas atribuições previamente definidas no conjunto de leis do Estado.

A teoria da separação dos poderes teve parte do desenvolvimento realizado em um cenário no qual havia a primazia do direito natural, ainda influenciado pelo racionalismo do movimento iluminista.

Não obstante esse cenário histórico, deve ser lembrado que a gênese do princípio da separação dos poderes já é observada na Grécia Antiga de Aristóteles, onde uma parte do governo tratava dos negócios públicos,

---

(21) SARLET, Ingo Wolfgang. *A eficácia dos direitos fundamentais*: uma teoria geral dos direitos fundamentais na perspectiva constitucional. 10. ed. rev. atual. e ampl. Porto Alegre: Livraria do Advogado Editora, 2010. p. 46.
(22) TEODORO, Maria Cecília Máximo. *O juiz ativo e os direitos trabalhistas*. São Paulo: LTr, 2011. p. 21.
(23) MONTESQUIEU, Charles de Secondat Baron de. *Do espírito das leis*. Tradução de Roberto Leal Ferreira. São Paulo: Martin Claret, 2010. p. 187-185.

outra da atividade executiva e, por fim, uma terceira tratava da função de administrar a Justiça.

O estudo, em razão da delimitação do objeto, não realizará o exame analítico dessa teoria desenvolvida em um primeiro momento por Aristóteles e posteriormente por Montesquieu, mas apenas pontuará aspectos contributivos trazidos por esses filósofos em aspectos de hermenêutica e de aplicação do direito pelos órgãos jurisdicionais e da relação desses com o Poder Legislativo.

Não se pode olvidar, entretanto, que a teoria da separação dos poderes em desenvolvimento contribuiu, em um primeiro momento, para a construção de um modelo de Estado de intervenção mínima na sociedade. Para esse intento, restou atribuída ao Poder Legislativo a competência material de elaborar o conjunto de leis que regerão a vida em sociedade, definindo-se de forma apriorística os eventuais limites à liberdade em sentido amplo.

O exercício da competência legiferante pelos órgãos concebidos pelo Estado para a elaboração da lei foi influenciado, sobretudo, pelo modelo do positivismo, que na vertente no campo da aplicação do direito, como visto anteriormente, representou apenas o reconhecimento do direito positivo como fonte normativa.

O positivismo científico imprimiu à ciência jurídica um caráter avalorativo, considerando os seus pressupostos fundados nos elementos de objetividade, rigor metodológico e na separação entre sujeito, método e objeto[24], próprio do estudo das ciências naturais.

A influência do positivismo na concepção do direito refletiu na própria percepção das leis de direito positivo material elaboradas nesse momento histórico, concebidas com o cunho essencialmente analítico-descritivo e inseridas no ordenamento jurídico marcado pela completude.

Sobre esse aspecto em particular, assinala Nuno Piçarra[25] que:

> [...] o modelo teórico do Estado de Direito liberal não se pretendia, em primeira linha, uma interpretação de uma realidade tomada como base, não se pretendia uma inferência normativa da realidade, mas antes um modelo normativo da realidade, ainda que muitas vezes sob a aparência de um modelo descritivo e como tal utilizado.

---

(24) BAHIA, Alexandre Gustavo Melo Franco. A interpretação jurídica no estado democrático de direito: contribuição a partir da teoria do discurso de Jürgen Habermas. In: CATTONI, Marcelo (Org.). *Jurisdição e Hermenêutica Constitucional*. Belo Horizonte: Mandamentos, 2004. p. 306.
(25) PIÇARRA, Nuno. *A separação dos poderes como doutrina e princípio constitucional*: um contributo para o estudo das suas origens e evolução. Coimbra: Coimbra Editora Limitada, 1989. p. 147.

A concepção das atribuições legislativas exclusivamente ao Poder Legislativo vai ao encontro das aspirações liberais, que objetivavam a segurança jurídica nesse momento de desenvolvimento do Estado de legalidade.

A certeza jurídica é representada pela existência de um conjunto de normas de direito positivo, tanto de direito positivo material quanto de direito positivo processual, inseridas em um sistema jurídico sem lacunas, que teriam a incumbência de regular a vida social.

Entram em embate nesse cenário a escola histórica do direito de origem alemã e a escola da exegese de influência francesa; esta última, em nome da segurança jurídica, compreende a codificação do Direito como meio de assegurar maior transparência e tranquilidade aos operadores do sistema legal[26].

Certamente, esse novo modelo representa uma reação ao modelo de organização anterior fundado no primado do direito natural, em que era atribuída aos órgãos judicantes a liberdade de solucionar as disputas jurídicas a partir de normas jurídicas, estatais ou não, de livre escolha, ou mesmo em critérios de equidade, baseado na racionalidade.

A aplicação do direito passou a ser incumbência do Estado liberal, por meio de magistrados por ele nomeados. O primado do legalismo em sentido estrito, concebido na base juspositivista, retirou dos órgãos judicantes a discricionariedade na busca de critérios extralegais aplicáveis à situação fática concreta, já que o direito positivo era concebido, segundo Marcelo Cattoni[27], como:

> [...] uma ordem, um sistema fechado de regras, de programas condicionais, que tem por função estabilizar expectativas de comportamento temporal, social e materialmente generalizadas, determinando os limites e ao mesmo tempo garantindo a esfera privada de cada indivíduo.

A atividade interpretativa do juiz era limitada ao texto da lei, sendo este concebido como mera "boca da lei" (*bouche de la loi*), consoante consagrada expressão de Montesquieu[28], especialmente diante do cenário de desconfiança que pairava sobre a atuação dos magistrados indicados diretamente pelo monarca.

---

(26) CAMARGO, Margarida Maria Lacombe. *Hermenêutica e argumentação*: uma contribuição ao estudo do direito. 3. ed. rev. atual. Rio de Janeiro: Renovar, 2011. p. 67 e 77.
(27) CATTONI, Marcelo. *Direito constitucional*. Belo Horizonte: Mandamentos, 2002. p. 57.
(28) MONTESQUIEU, Charles de Secondat Baron de. *Do espírito das leis*. Tradução de Roberto Leal Ferreira. São Paulo: Martin Claret, 2010. p. 175.

A aplicação do direito nessa visão deve obedecer ao silogismo perfeito, em que a norma jurídica constante do direito positivo, tanto no campo do direito material quanto na seara do direito processual, contempla *a priori* as situações previstas pelo órgão legislador.

Diante dos fatos apresentados pelas partes, incumbe ao magistrado do Estado liberal de Direito aplicar o direito positivo ao caso posto, considerando aquele conjunto de normas jurídicas a premissa maior, a partir da qual o fato apresentado como premissa menor permite, por meio do raciocínio silogístico, a extração da solução jurídica ao conflito de interesses.

A atividade mecânica do órgão julgador prescinde de aspectos valorativos na interpretação da norma jurídica. Consoante o princípio da separação dos poderes, a atividade de valoração é feita aprioristicamente pelo órgão legislativo, no momento da escolha das condutas que devem ser disciplinadas em sociedade e a forma de sua regulamentação.

O caráter avalorativo na interpretação jurídica realizada pelos operadores do direito implica o reconhecimento da justiça da decisão cingida à singela aplicação das normas jurídicas positivadas. A justiça da decisão confunde-se, nesse cenário, com o cumprimento de expectativas dos destinatários da norma jurídica, ou seja, com a aplicação do direito posto e, consequentemente, assegurando a segurança jurídica esperada.

No campo do direito processual, a visão liberal do processo pressupõe a atuação judicial com a mínima intervenção, dentro de um viés social marcado manifestamente pelo individualismo[29] nas relações humanas.

Asseguram-se aos particulares, seja nas relações entre si e entre estes e o Estado, a certeza e a segurança jurídica de que o juiz, ao aplicar o direito positivo, irá reproduzir as decisões fundamentais já tomadas pelo legislador no momento da elaboração da norma jurídica. Nesse aspecto, extrai-se que a concepção de que a norma jurídica e o texto de lei se confundem entre si.

O texto de lei já contempla a norma jurídica em sua literalidade, cabendo ao magistrado do Estado liberal de Direito, na perspectiva juspositivista, a simples tarefa automática de buscar no sistema jurídico, tido como completo e ausente de lacunas, a norma jurídica aplicável à situação concreta, independentemente da justiça da decisão.

Diante da concepção de completude do ordenamento jurídico, os princípios gerais de direito não eram concebidos em uma perspectiva normativa, mas apenas como elementos supletivos de que se podem valer os intérpretes para suprir eventual lacuna.

---

(29) TARTUCE, Fernanda. *Igualdade e vulnerabilidade no processo civil*. Rio de Janeiro: Forense, 2012. p. 115.

Afirma Menelick de Carvalho Netto[30], em síntese acerca da atividade interpretativa do magistrado do Estado liberal de Direito, que:

> É claro que sob este primeiro paradigma constitucional, o do Estado de Direito, a questão da atividade hermenêutica do juiz só poderia ser vista como uma atividade mecânica, resultado de uma leitura direta dos textos que deveriam ser claros e distintos, e a interpretação algo a ser evitado até mesmo pela consulta ao legislador na hipótese de dúvidas do juiz diante de textos obscuros e intricados.

Essas limitações ao criacionismo e à discricionariedade judicial abrangem, dentro desse cenário de Estado liberal de Direito, tanto o campo do direito material positivo quanto das regras processuais de tramitação e julgamento dos feitos, pois as partes em conflito, em uma perspectiva individualista, devem conhecer, em nome do princípio da segurança jurídica, os preceitos jurídicos adjetivos a ser aplicados na entrega da prestação jurisdicional.

A validade da norma jurídica é aferida não por sua justiça, mas, sim, pelo fato de ter sido elaborada pela autoridade legislativa competente. E vai-se além do que aponta Luigi Ferrajoli[31], pois a justiça da decisão é confundida com a aplicação silogística da norma pelo Poder Judiciário, constitucionalmente legitimado para a realização da atividade de aplicação do direito.

Em síntese, a preocupação com a justiça da decisão judicial é colocada em um plano secundário pelo magistrado, já que esta era confundida com a própria aplicação fiel dos preceitos de direito positivo, cuja valoração fora feita anteriormente pelo órgão encarregado da produção normativa.

## 1.4. A PERSPECTIVA DA ATUAÇÃO JUDICIAL NO ESTADO SOCIAL DE DIREITO E OS LIMITES DO POSITIVISMO JURÍDICO

O desenvolvimento do capitalismo ao longo dos séculos XVIII e XIX, ao mesmo tempo que imprimiu o desenvolvimento da atividade industrial e mercantil, implicou, por outro lado, uma série de violações de direitos de uma massa de trabalhadores, no âmbito do mundo do trabalho.

A perspectiva liberal do Estado de Direito, cunhada na intervenção mínima estatal na esfera particular, autorizou em nome do princípio da liberdade o livre-arbítrio dos detentores dos meios de produção na organização do

---

(30) CARVALHO NETTO, Menelick de. Requisitos pragmáticos da interpretação jurídica sob o paradigma do Estado Democrático de Direito. *Revista de Direito Comparado*, Belo Horizonte, vol. 3. p. 473-486. 1999.
(31) FERRAJOLI, Luigi. Pasado y futuro del estado de derecho. In: CARBONELL, Miguel (Org.). *Neoconstitucionalismo (s)*. 4. ed. Madri: Editorial Trota, 2009. p. 16.

trabalho, tudo isso autorizado em um conjunto de normas de direito positivo, concebidas em uma perspectiva individual e positivista do Direito.

Em nome da liberdade de organização empresarial e com o único objetivo de aferição do lucro pelo lucro, o Estado tolerava a realização de jornadas de trabalho com duração diária de quatorze ou mais horas, o trabalho de menores e mulheres sem restrição de peso ou em condições ambientais inadequadas à segurança e medicina do trabalho[32].

A separação das esferas pública e privada de atuação provocou a exploração do homem pelo homem, o que, inevitavelmente, gerou reações das massas de trabalhadores. Sobre esse momento histórico, descreve Alexandre Gustavo Melo Franco Bahia[33] que:

> Pululavam revoltas de operários, os sindicatos lutavam por reconhecimento de condições mínimas de trabalho. No meio rural camponeses eram expulsos de suas fazendas e obrigados a procurar trabalho nas cidades, que cresciam sem infraestrutura, o que agravava os problemas.

Diante desse cenário de lutas e revoltas populares, o Estado, de forma a conter as insurgências de vários setores da sociedade, passa a ser o promotor de direitos que demandavam para a sua efetivação a atitude positiva, o que, dentro do sistema de separação de poderes, põe em destaque o Poder Executivo[34].

No primeiro momento de consolidação do Estado liberal de Direito, como visto no tópico anterior, o Poder Legislativo assumiu função predominante, no sentido de estabelecer, de forma clara, as regras de condutas que deveriam nortear as condutas sociais.

Em nome do ideal de certeza e segurança jurídicas, o Poder Judiciário ocupava o papel de dizer o direito, limitado à literalidade da norma positiva e, quando muito, a uma interpretação sistemática do ordenamento jurídico agora codificado, nos moldes propostos pela escola da exegese francesa.

Com a necessidade de superação desse paradigma, em razão da possibilidade de ruptura do próprio Estado em decorrência das lutas camponesas e urbanas realizadas pelos trabalhadores, muitos destes organizados em sindicatos, a promoção de direitos assume uma nova feição, principalmente após a Primeira Guerra Mundial.

---

(32) BONAVIDES, Paulo. *Do estado liberal ao estado social*. 11. ed. São Paulo: Malheiros, 2013. p. 59.
(33) BAHIA, Alexandre Gustavo Melo Franco. A interpretação jurídica no estado democrático de direito: contribuição a partir da teoria do discurso de Jürgen Habermas. In: CATTONI, Marcelo (Org.). *Jurisdição e Hermenêutica Constitucional*. Belo Horizonte: Mandamentos, 2004. p. 306-307.
(34) LEITE, Carlos Henrique Bezerra. *Direitos humanos*. 2. ed. Rio de Janeiro: Lumen Juris, 2011. p. 149.

Essa mudança é observada no corpo de diversas Constituições elaboradas no período, como a do México de 1917 e a da Alemanha de Weimar de 1919[35], que tiveram o papel de consolidar os direitos sociais, dentre eles o direito do trabalho. Nasce, assim, o Estado Social, como fruto de lutas contra uma ordem política, econômica e jurídica que tinha como primado a manutenção do *status quo*.

A consagração de direitos, que demandam prestações positivas do Estado, tem o condão de colocá-lo como devedor de direitos sociais. A nova vertente dos direitos de segunda dimensão[36] demandava uma participação ativa do Estado, de forma a assegurar a igualdade substancial, o que influenciará a atuação do Poder Judiciário na interpretação e na aplicação do direito positivo.

O paradigma do positivismo jurídico é o dominante na organização dos ordenamentos jurídicos dos Estados ocidentais. Todavia, a interpretação jurídica realizada pelos intérpretes autênticos — expressão cunhada por Hans Kelsen[37] para designar aquela realizada pelos aplicadores do Direito — tem como escopo a geração da máxima efetividade[38] dos direitos fundamentais reconhecidos e positivados no corpo das Constituições.

O giro interpretativo é verificado por meio da superação da visão do magistrado como mero aplicador, pelo método silogístico, da norma jurídica, essa ainda concebida no Estado social como sinônimo de texto de lei.

A busca pela intenção do legislador na atividade hermenêutica realizada pelo intérprete autêntico, no entanto, permite a realização de juízos de valores, de modo que o magistrado do Estado social busque na solução da situação concreta a realização da justiça social e, consequentemente, assegurar a igualdade material.

A consecução de juízo de valores passa agora a transcender o legislador, no momento da elaboração da norma, para também alcançar o magistrado, este incumbido, pelo princípio da separação dos poderes, da atribuição de aplicar o direito positivo ao caso posto.

---

(35) LEITE, Carlos Henrique Bezerra. *Direitos humanos*. 2. ed. Rio de Janeiro: Lumen Juris, 2011. p. 149.

(36) WOLKMER, Antônio Carlos. Direitos humanos: novas dimensões e novas fundamentações. *Revista Direito em Debate*, Ijuí, ano X, n. 16-17. p. 9-32. jan./jun. 2002.

(37) KELSEN, Hans. *Teoria pura do direito*. Tradução de João Baptista Machado. 6. ed. São Paulo: Martins Fontes, 1998. p. 394.

(38) O termo "efetividade" deve ser compreendido a partir da definição apresentada por BARROSO, Luís Roberto. *O direito constitucional e a efetividade de suas normas*: limites e possibilidades da Constituição Brasileira. 4. ed. ampl. e atual. Rio de Janeiro: Renovar, 2000. p. 85, ou seja, "a efetividade significa, portanto, a realização do Direito, o desempenho concreto de sua função social. Ela representa a materialização, no mundo dos fatos, dos preceitos legais e simboliza a aproximação, tão íntima possível, entre o *dever-ser* normativo e o *ser* da realidade social".

Para a realização dessa busca da justiça, assevera Marcelo Cattoni[39] que o papel do Poder Judiciário é o de "aplicar o direito material vigente aos casos concretos submetidos à sua apreciação, de modo construtivo, buscando o sentido teleológico de um imenso ordenamento jurídico".

É verificado, nesse momento, um grande salto na atividade interpretativa realizada pelo Poder Judiciário, quando em comparação com o modelo estatal anterior. Além da própria realização da concretização da justiça, consubstanciada com a preocupação do magistrado com a efetiva entrega do bem da vida ao jurisdicionado que bate às portas do Poder Judiciário, tem-se, sobretudo, a mudança de perfil do intérprete autêntico que não se limita mais a uma atividade declarativa da norma jurídica.

A atividade mecânica do Poder Judiciário é superada, nesta etapa evolutiva do positivismo jurídico, por uma perspectiva ativo-construtiva. Essa mudança de perfil passa, inclusive, pela superação da interpretação gramatical como método interpretativo principal, capaz de gerar uma única resposta correta.

Não obstante essa evolução do positivismo jurídico, ainda há confluência e identidade entre o texto de lei e a norma jurídica.

Acerca dessa alteração de filosofia interpretativa na atividade do intérprete autêntico, descreve Menelick de Carvalho Netto[40] que:

> A hermenêutica jurídica reclama métodos mais sofisticados como as análises teleológica, sistêmica e histórica capazes de emancipar o sentido da lei da vontade subjetiva do legislador na direção da vontade objetiva da própria lei, profundamente inserida nas diretrizes de materialização do Direito que a mesma prefigura, mergulhada na dinâmica das necessidades dos programas e tarefas sociais.

A atividade interpretativa do magistrado do Estado social pressupõe, portanto, a utilização de outros métodos que não apenas o gramatical para buscar o sentido da norma. A busca da intenção da norma jurídica passa a ser balizadora na interpretação realizada, com o fito de imprimir a efetivação de direitos.

Por outro lado, em nome da realização de uma justiça social que assegure a igualdade material, e não meramente formal, amplia-se a discricionariedade judicial, combatida no Estado liberal de Direito, o que redundava até mesmo na possibilidade de criação do direito por parte do

---
(39) CATTONI, Marcelo. *Direito constitucional*. Belo Horizonte: Mandamentos, 2002. p. 61.
(40) CARVALHO NETTO, Menelick de. Requisitos pragmáticos da interpretação jurídica sob o paradigma do Estado Democrático de Direito. *Revista de Direito Comparado*, Belo Horizonte, vol. 3. 1999. p. 481.

juiz, além das interpretações possíveis feitas pelos intérpretes não autênticos dentro da moldura kelseniana[41].

No campo do direito processual, assevera José Carlos Barbosa Moreira[42] que foi superada a imagem do juiz do modelo do Estado liberal de Direito, que tinha o modelo individualista de "arquétipo do observador diante e impassível da luta entre as partes, simples fiscal incumbido de vigiar-lhes o comportamento, para assegurar a observância das regras do jogo e, no fim, proclamar o vencedor".

O magistrado do modelo de Estado social de Direito, ao contrário, pressupõe uma atividade ativa processualmente, especialmente quando estiver envolvida a realização de direitos fundamentais, como são exemplos os próprios direitos trabalhistas.

Na perspectiva do paradigma do Estado social, o positivismo jurídico é posto como modelo de organização do Direito. No entanto, observa-se que diante do giro no sentido de transformar o ente estatal em promotor de direitos, de forma a tentar neutralizar as revoltas populares que assolaram principalmente a segunda metade do século XIX e a primeira do século XX, autorizou-se o Poder Judiciário a realizar interpretações da norma jurídica para além do texto literal do direito positivo.

A atividade judicial é concebida com o permissivo do uso de discricionariedade de modo a permitir o alcance do fim da realização da igualdade substancial, em detrimento da mera igualdade formal entre os indivíduos.

## 1.5. A PERSPECTIVA DA ATUAÇÃO JUDICIAL NO ESTADO DEMOCRÁTICO DE DIREITO NA SISTEMÁTICA JUSPOSITIVISTA

A segunda metade do século XX é marcada em grande medida pela alteração da perspectiva de visão do positivismo jurídico, diante da insuficiência manifestada em responder aos novos conflitos apresentados pela sociedade moderna, bem como em razão da necessidade em se buscar elementos da ética e da justiça nas decisões judiciais.

---

(41) Na última versão da Teoria Pura do Direito de 1960, ventila-se a possibilidade de que o intérprete autêntico realiza a interpretação da norma jurídica para além da moldura. Nesse aspecto, Hans Kelsen, op. cit., p. 394, assim preceitua: "A propósito importa notar que, pela via da interpretação autêntica, quer dizer, da interpretação de uma norma pelo órgão jurídico que a tem de aplicar, não somente se realiza uma das possibilidades reveladas pela interpretação cognoscitiva da mesma norma, como também se pode produzir uma norma que se situe completamente fora da moldura que a norma a aplicar representa".

(42) BARBOSA MOREIRA, José Carlos. Temas de direito processual: terceira série. São Paulo: Saraiva, 1984. p. 51.

A base avalorativa dessa corrente jusfilosófica, que pressupõe, na atividade hermenêutica realizada pelos órgãos do Poder Judiciário, a obtenção de aspectos meramente declaratórios da norma jurídica é posta em xeque.

A alocação em um plano secundário de aspectos relativos à obtenção da justiça material da decisão, e a tolerância de decisões que ao mesmo tempo sejam legalmente compatíveis com o ordenamento jurídico e socialmente repugnantes, como aquelas que autorizavam o extermínio de judeus em campos de concentração nazistas, implicavam a necessidade de mudança da atuação judicial, o que passa por uma reflexão de postura na atividade hermenêutica.

O formalismo judicial verificado nos modelos de Estado liberal de Direito e de Estado social de Direito acaba por refletir em uma visão formal de justiça que, nesse paradigma jusfilosófico, é resumida à aplicação silogística da norma jurídica, esta confundida com o texto legal. Destarte, a busca da justiça da decisão na corrente positivista do Direito não é um fim em si mesmo, mas apenas um dado secundário que pode ser obtido no julgamento do caso posto.

A legitimidade e a justiça das decisões fundadas na perspectiva juspositivista, fruto da separação entre o direito e a moral, são fundadas em aspectos meramente formais do ordenamento jurídico.

A separação entre ser e dever-ser, ou seja, entre realidade social e direito, marca do juspositivismo clássico, revela-se insuficiente, já que o inflacionismo legislativo torna-se incapaz de acompanhar as constantes alterações do cenário fático.

Em nome da primazia do princípio da legalidade em sentido estrito, as decisões judiciais são legitimadas pelo fato de serem fundadas em um conjunto de normas jurídicas, estas confundidas com o texto de lei, ainda que descontextualizadas do cenário social.

Nota-se também nesse contexto histórico o enfraquecimento do poder estatal na promoção de direito sociais. É vivida, no pós-guerra e especialmente após a década de 1970, a crise do Estado social, que se revelou incapaz de solucionar os problemas apresentados pela sociedade.

O Estado social, como apresentado na seção anterior, pretendeu, por meio da concessão de direitos sociais, assegurar a igualdade material entre os indivíduos, rompendo com a tradição do modelo de constitucionalismo liberal anterior fundado na manutenção do *status quo*. Para a concretização dessa isonomia substancial, o Poder Executivo é transformado em verdadeiro promotor de direitos sociais e econômicos.

Entretanto, as Constituições, ao mesmo tempo que se revelavam pródigas em direitos sociais, demandavam do Estado a realização material desses direitos. A efetivação prática exigia do poder público o dispêndio de recursos materiais e financeiros, muitas vezes insuficientes perante a demanda reprimida apresentada pela sociedade.

Diante da ineficiência estatal em efetivar direitos constitucionalmente assegurados, o Poder Judiciário, dentro do paradigma do juspositivismo, e utilizando-se de normas de direito processual cunhadas em um perfil individualista para a solução de conflitos, assumiu espaço político nas decisões que envolvem a realização concreta de direitos sociais.

As disputas sociais nesse contexto histórico, inseridas no cenário de conflitos massificados envolvendo grupos sociais, assumiram facetas metaindividuais[43], atingindo toda uma coletividade marcada por indivíduos ligados por uma relação jurídica base ou mesmo por interesses indivisíveis quanto ao seu objeto.

A alteração do cenário de conflitualidades, que deixou um contorno individualista para assumir um perfil coletivo, demandou do Estado, nas esferas tríplices de poder, uma alteração na forma de tomada de decisões, inclusive de cunho participativo dos destinatários.

Os interesses metaindividuais[44], que constituem o conteúdo dos denominados direitos de terceira dimensão[45], representam a superação de uma concepção juspositivista em uma perspectiva descontextualizada no cenário social, ou seja, individualmente considerada.

Exsurge nesse cenário histórico o Estado democrático de Direito, que tem por objetivos, segundo lições de Carlos Henrique Bezerra Leite[46]:

> [...] a construção de uma sociedade mais livre, justa e solidária, a correção das desigualdades sociais e regionais, a promoção do bem--estar e justiça sociais para todas as pessoas, o desenvolvimento socioambiental, a paz e a democracia e a promoção da inclusão social dos chamados grupos sociais vulneráveis, como mulheres, pobres, negros, índios, crianças, adolescentes, idosos, pessoas com deficiência, consumidores, homoafetivos etc.

O Estado democrático de Direito pressupõe, diante dos objetivos exemplificados anteriormente, uma alteração da perspectiva hermenêutica

---

(43) PIMENTA, José Roberto Freire. A tutela metaindividual dos direitos trabalhistas: uma exigência constitucional. In: PIMENTA, José Roberto Freire; BARROS, Juliana Augusta Medeiros de; FERNANDES, Nadia Soraggi (Coord.). *Tutela metaindividual trabalhista*: a defesa coletiva dos direitos dos trabalhadores em juízo. São Paulo: LTr, 2009. p. 9-50.

(44) O interesse "metaindividual" é concebido, segundo apontamentos de LEITE, Carlos Henrique Bezerra. *Ação civil pública*. São Paulo: LTr, 2001. p. 46, como gênero, que tem como espécies os interesses difusos, coletivos e individuais homogêneos.

(45) WOLKMER, Antonio Carlos; LEITE, José Rubens Morato. *Os novos direitos no Brasil*: natureza e perspectivas. São Paulo: Saraiva, 2003. p. 9.

(46) LEITE, Carlos Henrique Bezerra. *Direitos humanos*. 2. ed. Rio de Janeiro: Lumen Juris, 2011. p. 151-152.

realizada pelos intérpretes autênticos, já que os objetivos tutelados assumem aspectos para além do campo individual.

Assinala Carlos Ari Sundfeld[47] que esse modelo de Estado congrega os seguintes institutos democráticos: "constitucionalismo, república, participação popular direta, separação de Poderes, legalidade e direitos (individuais e políticos)".

Diante desse amálgama de elementos característicos, associados aos objetivos desse novo modelo de Estado, extrai-se que a interpretação juspositivista passa a ter como base central a Constituição, em que o intérprete deve realizar a análise do caso em primeiro lugar à luz da lei maior, já que no modelo kelseniano as normas constitucionais conferem fundamento de validade às demais normas[48].

O pensamento individual, que marcou os paradigmas dos Estados liberal e social de Direito, sendo esse último já em menor intensidade, refletiu no modelo de elaboração e interpretação de normas de direito positivo, tanto nas esferas de direito material quanto nos aspectos procedimentais da aplicação do direito pelos intérpretes autênticos.

Os interesses em conflito, diante da assunção de caráter metaindividual, passaram a demandar do Poder Judiciário novas formas de atuação que superem o mecanicismo da aplicação silogística da norma jurídica, já que o alcance da decisão superará as esferas individuais dos interesses em jogo.

O magistrado, no paradigma do Estado democrático de Direito, passa a viver um dilema para a solução da situação concreta, pois a aplicação silogística da norma jurídica dentro da perspectiva juspositivista, muito embora possa ensejar a sua solução, revela-se insuficiente para a resolução do conflito de demandas com interesses metaindividuais subjacentes.

Nesse aspecto, os princípios jurídicos e, principalmente, os de natureza constitucional assumem um novo papel na vertente juspositivista, pois deixam de ser meros elementos supletivos de integração utilizados pelo intérprete autêntico para dar a solução ao caso, para possuírem força normativa própria. Os princípios constitucionais, além do caráter normativo, passam a servir de balizadores interpretativos.

Diante desse cenário, abre-se uma perspectiva para o desenvolvimento de uma teoria criacionista da norma jurídica, inspirada em dados concretos da realidade, capaz de superar a identidade apresentada pelo positivismo jurídico entre texto de lei e norma jurídica, o que será apresentada no próximo estágio desta obra.

---

(47) SUNDFELD, Carlos Ari. *Fundamentos de direito público*. 4. ed. 10. tiragem. São Paulo: Malheiros, 2009. p. 55.
(48) KELSEN, Hans. *Teoria pura do direito*. Tradução de João Baptista Machado. 6. ed. São Paulo: Martins Fontes, 1998. p. 223.

# 2. A NORMA JURÍDICA NO PARADIGMA DO PÓS-POSITIVISMO JURÍDICO

## 2.1. O PÓS-POSITIVISMO COMO SUPERAÇÃO DO POSITIVISMO JURÍDICO CLÁSSICO

O positivismo jurídico clássico revelou suas fragilidades diante da complexidade das discussões jurídicas travadas na sociedade do pós-guerra, marcada pela massificação dos conflitos de interesses.

A separação entre ser e dever-ser, entre as esferas do direito e da moral e, sobretudo, a crença de que a aplicação silogística da norma jurídica implicaria a segurança jurídica necessária ao sistema jurídico mostraram ser insuficientes para a solução das lides existentes na sociedade massificada, especialmente se tomar em consideração o modelo de elaboração legislativa observado desde o Estado liberal de Direito e que, de certo modo, se manteve até o advento do Estado democrático de Direito.

As normas jurídicas concebidas desde esse marco histórico têm a pretensão de regular a completude das relações individuais em sentido amplo, donde se incluem aquelas havidas entre os particulares e o Estado, renegando a um segundo plano a regulamentação de conflitos de natureza coletiva.

Não obstante esse objetivo, o caráter avalorativo da interpretação jurídica juspositivista, fundada essencialmente em elementos gramaticais e sistemáticos, gerou a colocação em um segundo plano de importância temas caros ao direito, como a justiça e a legitimidade das decisões judiciais[49], diante da equiparação realizada entre o texto de lei e a norma jurídica em si e da pretensão formalista pura do Direito.

A justiça e a legitimidade da decisão, na perspectiva do positivismo jurídico, eram alcançadas pela aplicação do direito objetivo posto pela autoridade constitucionalmente competente.

---

(49) KIM, Richard Pae. Neoconstitucionalismo — hermenêutica constitucional e atividade jurisdicional na tutela dos direitos do cidadão. *Revista da Ajuris*, Porto Alegre, ano XXXVI, n. 116. p. 269-290, dez. 2009.

Nesse aspecto, o alcance normativo, eminentemente concebido para a solução de conflitos individuais, em um primeiro estágio provocou no intérprete autêntico limitações diante da solução de casos concretos, em que o texto da norma deveria trazer a solução pronta e acabada para o conflito de interesses apresentado a julgamento.

As próprias normas de direito processual, embora concebidas em uma perspectiva instrumental, foram cunhadas para atender ao ideal liberalista de segurança jurídica, norteadora do juspositivismo, como se observam das regras que vedam julgamentos *extra petita*, *ultra petita* e *citra petita*, ou mesmo que estabeleçam no dispositivo do comando sentencial obrigações para além das partes individualmente consideradas.

Além disso, a colocação do plano fático como elemento secundário na interpretação judicial fragilizou o elemento justiça da decisão, em nome de um purismo hermenêutico e da própria ciência jurídica.

Acentua Reinhold Zippelius[50] que direito e realidade assumem relação de reciprocidade e são autoinfluenciáveis. Além disso, afirma o citado professor catedrático aposentado da Universidade de Erlangen-Nürnberg que as normas jurídicas têm seus conteúdos fixados por:

> [...] factos antropológicos e por factores sociais, particularmente por necessidades e correlações de forças, bem como por outras circunstâncias, mas sobretudo pelos interesses que o direito deve regular [...][51].

O grande ponto de reflexão e de crítica que mereceu o juspositivismo reside no afastamento ideológico entre o ordenamento jurídico e a realidade fática, em que é olvidado que os elementos sociais exercem influência sobre o conteúdo da norma jurídica. Os aspectos do campo do ser, no purismo da teoria do positivismo jurídico, revelam elementos secundários em uma reflexão sociológica ou histórica, desvencilhada da ciência do direito[52].

Na visão clássica do juspositivismo, como visto no capítulo anterior do trabalho, tem-se que a fixação do conteúdo da norma jurídica e, consequentemente, dos elementos valorativos sociais é feita pelo legislador no momento da concepção da norma jurídica. A valoração e a escolha dos fatos regulados pelo direito são feitas *a priori*, ou seja, antes mesmo da ocorrência do fato jurídico.

A norma jurídica, ao ser compreendida como sinônimo de texto de lei, de certo modo esvazia a possibilidade de valoração do intérprete, ainda que

---

(50) ZIPPELIUS, Reinhold. *Filosofia do Direito*. São Paulo: Saraiva, 2012. p. 83.
(51) *Ibid.*, p. 83.
(52) MASCARO, Alysson Leandro. *Filosofia do Direito*. 2. ed. São Paulo: Atlas, 2012. p. 342.

várias interpretações sejam de possível extração do texto legal. Abandonou-se, na teoria kelseniana, o problema da interpretação diante da situação concreta[53].

Diante da segregação entre direito e realidade social, a corrente jusfilosófica positivista revela uma manifesta contradição em si, tudo em nome de um ideal de segurança jurídica. O direito objetiva, sobretudo, regular as relações sociais, e a despreocupação com o plano fático revela uma contradição insuperável.

Sobre esse aspecto, preceitua Friedrich Müller[54] que:

> A premissa de um dos erros mais fundamentais do positivismo na ciência jurídica, a compreensão e o tratamento da norma jurídica como algo que repousa em si e preexiste, é a separação da norma e dos fatos, do direito e da realidade.

Em um estágio posterior do juspositivismo, Hans Kelsen sustenta a possibilidade de múltiplas interpretações do direito dentro da moldura normativa. Este fenômeno ocorre em razão do caráter plurissignificativo das palavras contidas no texto da norma, e não em razão das circunstâncias fáticas do caso concreto.

A interpretação, nessa fase kelseniana[55], era tida como:

> [...] a fixação por via cognoscitiva do sentido do objeto a interpretar, o resultado de uma interpretação jurídica somente pode ser a fixação da moldura que representa o Direito a interpretar e, consequentemente, o conhecimento das várias possibilidades que dentro desta moldura existem.

O ideal de segurança jurídica, objetivado pelo juspositivismo, diante da possibilidade de o intérprete autêntico obter diversas interpretações possíveis[56] dentro ou até mesmo fora da moldura[57], de certa forma fragilizou o pilar dessa corrente filosófica.

---

(53) STRECK, Lênio Luiz. O (pós-) positivismo e os propalados modelos de juiz (Hércules, Júpiter e Hermes) — dois decálogos necessários. *Revista de Direitos e Garantias Fundamentais*, Vitória, n. 7. p. 15-45, jan./jun. 2010.
(54) MÜLLER, Friedrich. *Teoria estruturante do direito*. Tradução de Peter Naumann e Eurides Avance de Souza. 3. ed. rev. e atual. São Paulo: Revista dos Tribunais, 2011. p. 19.
(55) KELSEN, Hans. *Teoria pura do direito*. Tradução de João Baptista Machado. 6. ed. São Paulo: Martins Fontes, 1998. p. 390.
(56) Sobre a permeabilidade da ideologia na interpretação de fatos e normas, vide: PERLINGIERI, Pietro. *Perfis do direito civil*: introdução ao direito civil constitucional. 2. ed. Rio de Janeiro: Renovar, 2002. p. 62.
(57) KELSEN, Hans. *Op. cit.*, p. 394.

A ampliação da discricionariedade judicial colocou em xeque a segurança jurídica na atividade hermenêutica, pois qualquer decisão tomada pelo intérprete autêntico dentro ou mesmo fora da moldura, sendo esta última admitida na última fase kelseniana, era admitida como legítima e justa, já que os critérios de aferição desses elementos eram meramente formais.

Associada à alteração do perfil dos conflitos, que superaram a esfera individual dos envolvidos para assumirem um viés massificado, a pretensão de completude do ordenamento jurídico também revelou uma verdadeira utopia, que minou a própria base positivista, que pressupõe um ordenamento jurídico sem lacunas.

O advento do Estado democrático de Direito passou a exigir do intérprete, em razão da centralidade das constituições no ordenamento jurídico, um novo olhar relacionado com a realidade fática.

Tem-se nesse novo paradigma de Estado a ideia de centralidade ocupada pela Constituição, superando o papel de mero parâmetro de aferição de validade da norma jurídica, como no modelo juspositivista clássico exposto no capítulo anterior desta obra, para assumir força normativa que autorize o intérprete a construir normas jurídicas na situação fática concreta, inclusive a partir dos princípios.

Os princípios constitucionais deixam de ocupar espaço de meras fontes supletivas para aplicação em casos de eventuais lacunas no sistema positivado para assumirem força normativa própria. O elevado grau axiológico das normas jurídicas principiológicas, especialmente aquelas decorrentes do texto constitucional, autoriza o intérprete a uma maior plasticidade na atividade hermenêutica, adequando a interpretação do texto de lei à situação concreta.

A centralização das Constituições[58], marca do Estado democrático de Direito, permitiu uma nova visão acerca da teoria da norma jurídica, incluindo novas fontes com normatividade própria como os princípios constitucionais.

Além disso, em razão da necessidade da reaproximação entre o direito e moral, bem como entre os campos do ser e do dever-ser, tem-se uma maior preocupação com a justiça da decisão na situação concreta posta.

Essa nova corrente jusfilosófica denomina-se pós-positivismo jurídico, que representa, nas lições de Ricardo Fernandes e Guilherme Bicalho[59], "a concepção teórica do neoconstitucionalismo". Nesse mesmo sentido, Rachel

---

(58) SUNDFELD, Carlos Ari. *Fundamentos de direito público*. 4. ed. 10. tiragem. São Paulo: Malheiros, 2009. p. 54.
(59) FERNANDES, Ricardo Vieira de Carvalho; BICALHO, Guilherme Pereira Dolabella. *Op. cit.*, p. 111.

Nigro[60] aponta o neoconstitucionalismo como sendo um "movimento inserido no paradigma pós-positivista".

O pós-positivismo jurídico tem como pressuposto a centralidade da Constituição, permitindo o enaltecimento dos princípios constitucionais, que adquirem força normativa[61] e servem como balizadores interpretativos para os intérpretes autênticos.

Afirma Luís Roberto Barroso[62] que esse novo modelo jurídico-filosófico marca a reaproximação entre antigos paradigmas opostos: o jusnaturalismo e o positivismo jurídico, em razão da necessidade de uma leitura moral do direito.

Essa reaproximação passa pela busca do pós-positivismo em "[...] ir além da legalidade estrita, mas não despreza o direito posto; procura empreender uma leitura moral do Direito, mas sem recorrer a categorias metafísicas"[63].

O cerne do juspositivismo — ou seja, a preocupação com o direito positivado — é mantido nesse novo estágio jusfilosófico, tendo em vista o caro valor da segurança jurídica, indispensável à sociedade da pós-modernidade.

Por outro lado, a preocupação com os elementos de moralidade permite ao intérprete autêntico realizar juízo de valor acerca da melhor aplicação da norma jurídica, tanto de direito material quanto de direito processual, diante da situação concreta, bem como a aproximação na atividade interpretativa com elementos do campo do ser. A aplicação do direito deixa de ser mero ato de vontade, como no juspositivismo clássico kelseniano[64].

Além disso, apontam Ricardo Fernandes e Guilherme Bicalho[65] que as características marcantes do pós-positivismo jurídico podem ser elencadas como sendo:

> a) a abertura valorativa do sistema jurídico e, sobretudo, da Constituição; b) tanto princípios quanto regras são considerados normas jurídicas; c) a Constituição passa a ser o *locus* principal dos princípios; e d) o aumento da força política do Judiciário em face da constatação de que o intérprete cria norma jurídica.

---

(60) NIGRO, Rachel. A virada linguístico-pragmática e o pós-positivismo. *Revista Direito, Estado e Sociedade*, Rio de Janeiro, n. 34. p. 170-211, jan./jun. 2009.

(61) KIM, Richard Pae. Neoconstitucionalismo — hermenêutica constitucional e atividade jurisdicional na tutela dos direitos do cidadão. *Revista da Ajuris*, Porto Alegre, ano XXXVI, n. 116. p. 272, dez. 2009.

(62) BARROSO, Luís Roberto. Neoconstitucionalismo e constitucionalização do direito. *Boletim de direito administrativo*, São Paulo, ano 23, n. 1, jan. 2007. p. 22.

(63) *Idem*.

(64) KELSEN, Hans. *Teoria pura do direito*. Tradução de João Baptista Machado. 6. ed. São Paulo: Martins Fontes, 1998. p. 394.

(65) FERNANDES, Ricardo Vieira de Carvalho; BICALHO, Guilherme Pereira Dolabella. *Op. cit.*, p. 114.

Ao superar a tese da separação absoluta entre ser e dever-ser, bem como ao buscar uma reaproximação entre direito e moral, o pós-positivismo jurídico superou a base positivista de que a norma jurídica é confundida com o texto de lei e que a norma jurídica não é dada, mas, sim, construída diante da situação concreta posta ao intérprete autêntico para julgamento.

Potencializa-se, destarte, a atividade do Poder Judiciário, agora tido como criador de norma jurídica diante da situação fática e preocupado com a efetividade da tutela jurisdicional[66], especialmente diante da abertura dada pelo texto e pelos princípios da Constituição no Estado democrático de Direito.

Entretanto, essa abertura, no pós-positivismo jurídico, para a atividade criadora da norma jurídica diante da situação concreta pelo intérprete autêntico demanda uma exigência de segurança jurídica, de modo a evitar a discricionariedade judicial, principal crítica sofrida pelos modelos jusnaturalistas, conforme apresentado no capítulo anterior da presente obra.

De modo a atender a essas exigências do pós-positivismo jurídico, quais sejam a de acatar a segurança jurídica exigida na sociedade da pós-modernidade, aproximar os campos do ser e do dever-ser, bem como superar a legitimidade meramente formal dos aplicadores do direito, insere-se a teoria estruturante da norma jurídica desenvolvida por Friedrich Müller como modelo dessa nova corrente jusfilosófica[67].

A teoria estruturante do direito no cenário pós-positivista, considerando o seu pressuposto de criação da norma jurídica na situação concreta, é a que melhor atende aos objetivos da presente obra, qual seja, o de analisar os fundamentos e os limites para a construção da norma jurídica pelo magistrado do trabalho, autorizativa da concessão da tutela inibitória de ofício.

A criação da norma jurídica nesse modelo é possível apenas diante do cenário concreto posto e será analisada na sessão subsequente.

## 2.2. A TEORIA ESTRUTURANTE DA NORMA DE FRIEDRICH MÜLLER NO CENÁRIO DO PÓS-POSITIVISMO JURÍDICO

O positivismo jurídico normativo ao propor o desvencilhamento com a realidade fática, em nome de um purismo metodológico, marcado pela separação entre as esferas de ser e do dever-ser, imprimiu à ciência jurídica um caráter avalorativo, que restou incapaz de responder às demandas

---

(66) POZZOLO, Susanna. Un constitucionalismo ambiguo. In: CARBONELL, Miguel (Org.). *Neoconstitucionalismo (s)*. 4. ed. Madri: Editorial Trota, 2009. p. 190.

(67) MÜLLER, Friedrich. Teses sobre a estrutura das normas jurídicas. *Revista dos Tribunais*, São Paulo, ano 102, vol. 929. p. 193-209, mar. 2013.

apresentadas pela sociedade pós-moderna, caracterizada pela massificação dos conflitos de interesses.

Direito e realidade, conforme visto na seção anterior do trabalho, são influenciáveis entre si. Não se pode conceber, destarte, a norma jurídica afastada do cenário fático que pretende regular[68]. Dessa forma, o método silogístico de aplicação estática do direito à situação fática, típico do modelo do positivismo jurídico, revelou ser insuficiente para a solução dos conflitos da sociedade contemporânea.

Sob esse panorama, marcado pela centralidade da Constituição e pela necessidade de aproximação entre direito e realidade, o pós-positivismo jurídico traz, dentre as suas principais características, a possibilidade de o órgão julgador constituir a norma jurídica no caso em concreto[69], distinguindo-se sobremaneira do modelo jusfilosófico anterior que concebia a norma jurídica, confundida com o texto legal, como algo pronto e estático após a elaboração legislativa.

A teoria estruturante da norma jurídica representa nesse cenário pós--positivista uma doutrina vinculada ao realismo jurídico, ou seja, buscando a aproximação do direito com a realidade fática, abandonada no cenário juspositivista normativista. Essa teoria objetiva, segundo Friedrich Müller[70], a:

> [...] uma argumentação e decisão integral, cujo processo pode ser mentalmente refeito [isto é, controlado por outros juristas, outros juízes/tribunais] e que tem natureza igualitária, com base e no quadro do direito vigente — e nisso sempre amparado nos fatos do caso individual e nos fatos/suportes fáticos genéricos do tipo do caso. Não se trata, portanto, de um pragmatismo geral, ideológico, mas de um pragmatismo formado pelos conceitos e *modi operandi* teórico-metodológicos e operacionalizado nos detalhes desses mesmos conceitos e *modi operandi*. Assim o "direito" e a "realidade" não aparecem mais como categorias opostas abstratas; eles atuam agora como elementos da ação jurídica, sintetizáveis no trabalho jurídico efetivo de caso para caso — na forma da norma jurídica produzida. E essa ação jurídica é uma ação pela e na linguagem [*Sprachhandeln*], é geração do texto com base em textos, inscreve-se na estrutura textiforme da democracia fundada no Estado de Direito.

---

(68) MÜLLER, Friedrich. *Teoria estruturante do direito*. Tradução de Peter Naumann; Eurides Avance de Souza. 3. ed. rev. atual. São Paulo: Revista dos Tribunais, 2011. p. 11.
(69) FERNANDES, Ricardo Vieira de Carvalho; BICALHO, Guilherme Pereira Dolabella. *Op. cit.*, p. 114.
(70) MÜLLER, Friedrich. *O novo paradigma do direito*: introdução à teoria e metódica estruturantes. Tradução de Peter Naumann. 3. ed. São Paulo: Revista dos Tribunais, 2013. p. 13.

A possibilidade de criação de norma jurídica diante da situação fática, ao mesmo tempo que imprime conteúdo de realidade, implica o aumento de poder conferido aos órgãos do Poder Judiciário. Entretanto, o postulado de segurança jurídica, uma das principais bases do juspositivismo e do próprio Estado democrático de Direito, é resguardado nesse momento pós-positivista jurídico, de modo a evitar a discricionariedade judicial.

A possibilidade de outro órgão judicial realizar o controle do caminho percorrido pelo julgador originário na construção da norma jurídica diante da situação concreta é a garantia contra o pragmatismo judicial e eventuais arbitrariedades, bem como tem função de imprimir uma legitimidade material à decisão tomada pelo intérprete autêntico, e não apenas formal.

Pelo dinamismo da teoria estruturante da norma, que tem o texto de lei como ponto de partida na atividade de concretização da norma jurídica[71], assegura-se a garantia de proteção de princípios constitucionais caros ao Estado democrático de Direito, como a segurança jurídica e a separação dos poderes.

Ao mesmo tempo, tem-se pela teoria desenvolvida por Friedrich Müller o resguardo contra os malfadados decisionismos, como aqueles representados por escolhas de forma discricionária diante da moldura normativa ou mesmo a realização inversa do silogismo, em que o texto de lei é buscado para fundamentar uma decisão tomada aprioristicamente. Essa é a razão de não se poder conceber essa teoria como sendo jusnaturalista.

O trabalho do intérprete autêntico na teoria estruturante do direito não é de desvelamento da norma, mas, sim, de construção da norma de forma metodicamente estruturada, a partir de elementos linguísticos e dos dados reais da situação concreta. Nesse sentido, aponta-se que a norma jurídica não é considerada existente de forma preexistente à situação fática que se pretende uma solução jurídica[72] e que a atividade do intérprete não tem cunho meramente declarativo.

Como adverte João Maurício Adeodato[73], a teoria estruturante do direito não se propõe ao desenvolvimento de um procedimento que assegure uma única solução correta para o caso apresentado a julgamento.

Apresenta-se como uma metodologia de base racional, que permite ao intérprete autêntico, independentemente da disciplina jurídica (de direito

---

(71) ADEODATO, João Maurício. *Ética e retórica:* para uma teoria da dogmática jurídica. São Paulo: Saraiva, 2002. p. 222.
(72) MÜLLER, Friedrich. *O novo paradigma do direito:* introdução à teoria e metódica estruturantes. Tradução de Peter Naumann. 3. ed. São Paulo: Revista dos Tribunais, 2013. p. 11.
(73) ADEODATO, João Maurício. *Op. cit.*, p. 252.

material ou de direito processual)[74] e a partir do teor literal da linguagem, a construção da norma jurídica na situação fática concreta.

Para tanto, serve-se a teoria estruturante do direito de onze etapas[75], assim elencadas: *Sprachdaten, Realdaten, Normtexte, Fallerzählung, Sachverhalt, Sachbereich, Fallbereich, Normprogramm, Normbereich, Rechtsnorm* e *Entscheidungsnorm*. As citadas etapas até a concretização da norma serão desenvolvidas e analisadas de forma pormenorizada na seção subsequente.

## 2.3. AS ONZE FASES DO PROCESSO DECISÓRIO DA DOGMÁTICA JURÍDICA NO ESTADO DEMOCRÁTICO DE DIREITO A PARTIR DA METÓDICA JURÍDICA ESTRUTURANTE

A teoria estruturante da norma desenvolvida pelo filósofo alemão Friedrich Müller, não obstante representar o modelo do pós-positivismo jurídico, manteve alguns dos primados presentes na corrente filosófica do positivismo jurídico clássico.

Como visto no capítulo anterior, o positivismo jurídico tem como um dos principais objetivos a busca da segurança jurídica no tratamento das relações sociais. Para tanto, vale-se o juspositivismo do conteúdo do texto de lei como base interpretativa. Mesmo quando se parte do método literal de interpretação do positivismo jurídico, extrai-se que norma jurídica e texto de lei são entidades autônomas, já que o caráter plurissignificativo dos verbetes induz a possibilidade de múltiplas interpretações.

A teoria desenvolvida por Friedrich Müller, da mesma forma que o modelo juspositivista clássico, parte dos elementos textuais da obra do legislador como base para a construção da norma jurídica.

Nesse aspecto, buscam-se dentro do ordenamento jurídico os elementos linguísticos contidos nos elementos estruturais dos textos legais como nos artigos, nos parágrafos e nas alíneas como primeiro passo na atividade concretizadora do direito.

---

(74) MÜLLER, Friedrich. Teses sobre a estrutura das normas jurídicas. *Revista dos Tribunais*, São Paulo, ano 102, vol. 929. p. 193-209, mar. 2013.
(75) *Idem. O novo paradigma do direito*: introdução à teoria e metódica estruturantes. Tradução de Peter Naumann. 3. ed. São Paulo: Revista dos Tribunais, 2013. p. 249. Em tradução livre dos onze momentos de concretização da norma jurídica proposta por Friedrich Müller em sua teoria estruturante da norma, temos na ordem: dados linguísticos da norma, relatos ou dados reais, conjunto de matérias, relato leigo do caso, circunstância da espécie, âmbito da matéria, âmbito do caso, programa da norma, âmbito da norma, norma jurídica e norma de decisão.

O texto de lei representa na visão do filósofo alemão[76] apenas a "ponta do iceberg", ou, nas lições de Christiany Pegorari Conte[77], "apenas um ponto de partida para a concretização, bem como um limite para a concretização legal e legítima, posto que possui, como premissas, os preceitos de um Estado Democrático de Direito".

Os elementos linguísticos do texto legal representam o limite interpretativo[78], conferindo legitimidade ao aplicador do direito quando efetuar a tarefa de concretização da norma jurídica a partir da teoria estruturante do direito.

A utilização de métodos tradicionais de interpretação normativa representa o primeiro momento rumo à concretização da norma jurídica, tendo em vista a utilização da estrutura do texto como limite normativo.

O método gramatical ou literal permite estabelecer o sentido linguístico do texto de lei, por meio da representação dos sentidos filológicos possíveis para o verbete ou conjunto de palavras e expressões. Esclarece Carlos Maximiliano[79] que o processo gramatical, em razão da complexidade da língua, demanda do intérprete diversos predicados, dentre eles:

> 1) conhecimento perfeito da língua empregada no texto, isto é, das palavras e frases em determinado tempo e lugar; propriedades e acepções várias de cada uma delas; leis de composição; gramática; 2) informação relativamente segura, e minuciosa quanto possível, sobre a vida, profissão, hábitos pelo menos intelectuais e estilo do autor; orientação do seu espírito, leituras prediletas, abreviaturas adotadas; 3) notícia completa do assunto de que se trata, inclusive a história respectiva; 4) certeza da autenticidade do texto, tanto em conjunto como em cada uma das suas partes.

Por meio do método literal, permitem-se extrair os diversos significados possíveis dos verbetes utilizados no texto, distinguindo-se aqueles de cunho cotidiano, com aqueles outros jurídicos[80]. Retira-se, da plurissignificação dos verbetes, a insuficiência do método gramatical por si só para a fixação do conteúdo da norma jurídica.

---

(76) MÜLLER, Friedrich. *Metodologia do direito constitucional*. Tradução de Peter Naumann. 4. ed. rev. atual. e ampl. São Paulo: Revista dos Tribunais, 2010. p. 54.
(77) CONTE, Christiany Pegorari. A aplicabilidade da teoria estruturante no direito contemporâneo face à crise do positivismo clássico. In: XVII Congresso Nacional do CONPEDI. *Anais do XVII Congresso Nacional do CONPEDI*. Brasília: <http://www.conpedi.org.br/anais_brasilia.html>, 2008. p. 5.953-5.965.
(78) MÜLLER, Friedrich. *Op. cit.*, p. 33.
(79) MAXIMILIANO, Carlos. *Hermenêutica e aplicação do direito*. 20. ed. Rio de Janeiro: Forense, 2013. p. 88.
(80) MÜLLER, Friedrich. *O novo paradigma do direito*: introdução à teoria e metódica estruturantes. Tradução de Peter Naumann. 3. ed. São Paulo: Revista dos Tribunais, 2013. p. 64.

Além dos dados filológicos do texto legal, a interpretação compreende nessa etapa de concretização a observância de outros métodos hermenêuticos, que funcionam de forma complementar como o sistemático, histórico e genético[81].

O método sistemático tem, conforme escólio de Carlos Maximiliano[82], como pretensão "comparar o dispositivo sujeito a (*sic*) exegese, com outros do mesmo repositório ou de leis diversas, mas referentes ao mesmo objeto".

Por meio dessa sistemática interpretativa, contextualiza-se o texto da norma diante do conjunto do ordenamento jurídico, permitindo uma interpretação deste como sistema integrado, e não como uma ilha desvencilhada de seu arquipélago.

Associado a essas metodologias tradicionais de interpretação, e também funcionando de modo complementar, apresenta-se o método histórico como instrumento interpretativo que permite buscar nas origens da elaboração legislativa dos aspectos principiológicos, ideológicos, dentre outros que influenciaram a confecção do texto normativo pelo legislador. O referido método também revela insuficiência, se tomado de forma isolada, em razão do próprio caráter cambiante do direito, como ciência social aplicada.

Já o método genético, conforme ensina João Maurício Adeodato[83], "prende-se aos elementos e processos sociais que efetivamente deram a feição com a qual o texto se mostra agora, como quando se estudam os anais da Constituinte". Por meio de tal instrumento de exegese adicional, extraem-se os elementos sociais que refletiram durante o processo de elaboração do texto normativo.

Os métodos histórico e genético estão, em razão da referência ao cenário de elaboração do texto legal, de certa forma interligados entre si[84] e funcionam como "pontos de vista auxiliares no âmbito do aspecto gramatical"[85], auxiliando na precisão dos sentidos possíveis filológicos dos elementos textuais.

Como se observa da análise dos métodos tradicionais acima apresentados, é verificada uma ausência de menção à autonomia da busca

---

(81) MÜLLER, Friedrich. Teses sobre a estrutura das normas jurídicas. *Revista dos Tribunais*, São Paulo, ano 102, vol. 929, mar. 2013. p. 206.
(82) MAXIMILIANO, Carlos. *Hermenêutica e aplicação do direito*. 20. ed. Rio de Janeiro: Forense, 2013. p. 104.
(83) ADEODATO, João Maurício. *Ética e retórica:* para uma teoria da dogmática jurídica. São Paulo: Saraiva, 2002. p. 238.
(84) MÜLLER, Friedrich. *O novo paradigma do direito*: introdução à teoria e metódica estruturantes. Tradução de Peter Naumann. 3. ed. São Paulo: Revista dos Tribunais, 2013. p. 64.
(85) *Idem. Metodologia do direito constitucional*. Tradução de Peter Naumann. 4. ed. rev. atual. e ampl. São Paulo: Revista dos Tribunais, 2010. p. 76.

da teleologia, diante das observações que Friedrich Müller faz em relação a esse método juspositivista clássico, que prescinde de autonomia própria[86] e depende dos demais métodos interpretativos.

Adverte Friedrich Müller[87] que a utilização da chamada interpretação teleológica, embora não possa ser totalmente desprezada, deve ser observada com a devida cautela, já que ela pode ter o condão de encobrir, em razão da busca da finalidade da norma jurídica, os elementos concretos indispensáveis na atividade de concretização da norma jurídica.

A norma jurídica a ser concretizada deve ser vista para além dos seus elementos abstratos, observando também os elementos fáticos e reais da situação concreta postos ao intérprete autêntico.

Diante da apresentação do primeiro passo, que representa a utilização dos métodos interpretativos em sentido estrito, e considerando que o papel do texto da norma é apenas o de estabelecer o pontapé inicial da atividade de concretização diante do caso posto, tem-se a necessidade de verificar os elementos concretos do caso para a constituição da norma jurídica.

Para fins de sistematizar e facilitar o entendimento das demais etapas da concretização da teoria estruturante da norma, optou-se por apresentar *per si* as etapas acompanhadas de exemplos, quando se verificar uma dificuldade decorrente da abstração do conceito, relacionados às disciplinas do direito material do trabalho e do direito processual do trabalho, de forma a reduzir eventual problema de entendimento.

Os dados linguísticos por si só representam apenas os elementos visíveis na atividade de concretização da norma jurídica, ou seja, a "ponta do iceberg"[88] de onde parte o operador do direito na atividade intelectiva.

Os dados da realidade representam fatores relevantes na atividade de constituição da norma jurídica, considerando que direito e realidade são influenciáveis entre si. Essa é a razão de não se revelar possível, à luz da teoria estruturante do direito, a existência de uma norma jurídica *a priori* da situação concreta apreciada pelo Poder Judiciário.

Nesse aspecto, as informações da realidade — ou seja, os dados reais (*Realdaten*[89]) — devem ser consideradas elementos a serem observados pelo intérprete autêntico quando da atividade de concretização da norma

---

[86] MÜLLER, Friedrich. *Metodologia do direito constitucional*. Tradução de Peter Naumann. 4. ed. rev. atual. e ampl. São Paulo: Revista dos Tribunais, 2010. p. 77.

[87] MÜLLER, Friedrich. *O novo paradigma do direito*: introdução à teoria e metódica estruturantes. Tradução de Peter Naumann. 3. ed. São Paulo: Revista dos Tribunais, 2013. p. 64.

[88] MÜLLER, Friedrich. *Op. cit.*, p. 86.

[89] *Idem*. *Discours de la méthode juridique*. Tradução de Olivier Jouanjan. Paris: Press Universitaires de France, 1996. p. 345-347.

jurídica. Essa busca de subsídios da facticidade representa a segunda etapa no processo de concretização da norma jurídica.

Por dados reais, devem ser entendidos os elementos fáticos tomados como verdadeiros ou decorrente de uma relação lógica (relação de causa e efeito) pelo senso comum, como é exemplo, no campo da medicina e segurança do trabalho, o fato de um técnico de radiologia, operador de raios X, que não utiliza o colete protetor durante a sua atividade ter grande propensão a desenvolver doenças cancerígenas.

Outra situação de dados reais, ainda referente ao campo da higiene e da segurança do trabalhador, refere-se à situação de uma digitadora, que realiza atividade contínua e repetitiva de inserção de dados por mais de 8 horas diárias, sem a concessão de intervalo intrajornada, em um escritório sem o mobiliário atender às normas de ergonomia da Norma Regulamentadora n. 17 do Ministério do Trabalho e Emprego. Certamente, essa empregada tem elevada propensão ao desenvolvimento de lesões de esforço repetitivos (LER) ao longo do curso do contrato de trabalho.

Muitos são os outros exemplos que representam os dados reais, que merecem ser considerados pelo intérprete autêntico durante a atividade de concretização, como aquele referido por João Maurício Adeodato[90] acerca da impossibilidade fática de uma mesma pessoa estar em dois lugares ao mesmo tempo.

No âmbito do direito processual do trabalho, poderia ser trabalhado como dado real o fato de a petição inicial da reclamação trabalhista ter necessariamente que ser protocolada pela parte ou seu patrono constituído para levar ao juiz o conhecimento dos fatos, sem o qual o magistrado não pode atuar.

Outro dado real relacionado à sistemática processual diz respeito ao fato de que a petição inicial trabalhista, ainda que resumidamente, deve trazer dados fáticos e jurídicos que embasam a pretensão, dentre outros elementos exigidos no artigo 840 da CLT.

Os elementos da realidade fática, ainda que sejam provenientes do senso comum, devem ser considerados pelo intérprete durante a atividade de construção da norma jurídica, seja ela de direito material ou de direito processual.

---

(90) ADEODATO, João Maurício. Norma jurídica como decisão dotada de efetividade. *Revista Jurídica da Presidência*, Brasília, v. 15, n. 106. p. 307-335, jun./set. 2013.

Além dos dados da realidade, na atividade de concretização da norma jurídica, o aplicador do direito deve-se valer, como um todo, do ordenamento jurídico para a realização de sua atividade.

Na etapa do *Normtexte*, terceiro momento do processo decisório da dogmática apresentada por Friedrich Müller[91], é proposta ao intérprete a tarefa de observar e fazer o levantamento, como conjunto interligado, do ordenamento jurídico, incluindo os textos da Constituição, das leis complementares, das leis ordinárias, dos decretos, dos regulamentos, inclusive das súmulas, vinculantes ou não, orientações jurisprudenciais e portarias editadas pelos Tribunais.

Difere-se do método de interpretação sistemática utilizado pelo modelo juspositivista na atividade desveladora da norma jurídica, pois, como bem lembra João Maurício Adeodato[92], nessa etapa de concretização "não se observa ainda nenhum texto específico, como um artigo ou parágrafo de lei, porque ainda não se está diante de caso concreto".

Diante do momento abstrato dessa etapa, limita-se o intérprete apenas a realizar o levantamento dos textos legais, que poderão ser utilizados quando apresentada a situação concreta a julgamento pelo órgão judicial.

O quarto passo na concretização da norma jurídica é representado pelo relato leigo do caso (*Fallerzählung*)[93]. Nessa etapa do processo de concretização, o intérprete realizará a verificação, a partir dos relatos e dos demais dados trazidos pelas partes em depoimento pessoal, testemunhas, peritos, autoridades responsáveis pela fiscalização, de quais são os elementos relevantes para a análise dogmática, a partir do ordenamento jurídico levantado na terceira etapa.

Afirma João Maurício Adeodato[94] que a etapa do relato leigo do caso representa "a maneira pela qual o caso em questão chega ao conhecimento do profissional do direito".

No campo do direito do trabalho, e em especial em matéria de segurança e medicina do trabalho, podem servir, como situações ilustrativas dessa fase, narrativas e informações como: "o trabalhador não usava equipamentos de proteção", "ele ficava em posição incorreta enquanto digitava", "ele almoçava no próprio posto de trabalho", "o trabalhador ia para o trabalho caminhando, pois residia próximo do ambiente laboral", dentre outros relatos fáticos.

---

(91) MÜLLER, Friedrich. *Discours de la méthode juridique*. Tradução de Olivier Jouanjan. Paris: Press Universitaires de France, 1996. p. 345-347.
(92) ADEODATO, João Maurício. Norma jurídica como decisão dotada de efetividade. *Revista Jurídica da Presidência*, Brasília, v. 15, n. 106, jun./set. 2013. p. 312.
(93) MÜLLER, Friedrich. *Op. cit.,* p. 45.
(94) ADEODATO, João Maurício. *Ética e retórica:* para uma teoria da dogmática jurídica. São Paulo: Saraiva, 2002. p. 242.

Diante da narrativa leiga do caso, indispensável se torna a atividade do intérprete, conhecedor do ordenamento jurídico. O papel de filtragem do operador do direito diante do relato leigo do caso revela a próxima etapa no processo de concretização, denominada por Friedrich Müller como a circunstância da espécie, do caso ou o conjunto de matérias (*Sachverhalt*)[95].

Na quinta etapa do procedimento de concretização da norma jurídica, o operador do direito, que tem conhecimento do conjunto de textos que compõem o ordenamento jurídico, inclusive as súmulas dos Tribunais, realiza a filtragem dos fatos efetivamente relevantes para a situação concreta, separando dos demais elementos fáticos trazidos pelos relatos leigos.

A segregação realizada pelos juristas entre fatos relevantes e fatos irrelevantes, a partir dos elementos fáticos trazidos do relato leigo, objetiva a delimitação do âmbito da matéria. São buscadas pelo operador do direito as hipóteses dispostas nos textos normativos como sendo adequadas para aqueles fatos selecionados. Chega-se, a partir desse procedimento metódico, à delimitação do âmbito da matéria (*Sachbereich*).

Nesse momento, o jurista vai além da mera seleção de textos legais mencionada no terceiro passo da metódica estruturante. Na sexta etapa, afirma Friedrich Müller que o intérprete autêntico deve buscar, na situação concreta, as circunstâncias fáticas que apresentam significação. Em suma, afirma Müller[96] que:

> O jurista, que precisa solucionar um caso do direito constitucional, parte, bem como em outras áreas do direito, das circunstâncias do fato, *i.e.*, do tipo legal, que ele formula profissionalmente. Com esses traços distintivos ele constrói a partir do conjunto de textos da constituição hipóteses sobre o texto da norma, que ele pode considerar "provavelmente pertinentes" segundo o seu conhecimento especializado.

Ainda em matéria de medicina e segurança do trabalho, servem como situações ilustrativas da delimitação do âmbito da matéria a verificação da existência de realização de sobrejornada, da ausência de pausas para descanso e alimentação a partir da 4ª hora trabalhada, a não realização pelos digitadores de intervalo a cada 50 minutos nos termos da Norma Regulamentadora n. 17 do Ministério do Trabalho e Emprego, a concessão de folga compensatória nas situações em que houve labor no dia destinado

---

(95) MÜLLER, Friedrich. *Direito, linguagem, violência*: elementos de direito constitucional I. Tradução de Peter Naumann. Porto Alegre: Sérgio Antônio Fabris Editor, 1995. p. 17.

(96) *Idem*. *O novo paradigma do direito*: introdução à teoria e metódica estruturantes. Tradução de Peter Naumann. 3. ed. São Paulo: Revista dos Tribunais, 2013. p. 125.

ao descanso semanal remunerado, a existência de fiscalização na utilização de equipamentos de proteção individual, dentre outras.

Observam-se também nessa etapa os textos legais aplicáveis: a Constituição da República, a CLT, as Normas Regulamentadoras do Ministério do Trabalho e Emprego, o Código de Processo Civil (em aspectos processuais da tutela de direitos) e os demais diplomas legais.

Ultrapassada essa etapa da fixação do âmbito da matéria na metódica estruturante, passa-se à definição do sétimo passo, ou seja, à definição do âmbito do caso (*Fallbereich*)[97]. Na fase do âmbito do caso, competirá ao jurista relacionar o âmbito da matéria com as peculiaridades da situação fática posta a julgamento.

Seguindo a mesma sistematização proposta nas demais etapas, verifica-se, por exemplo, no âmbito do direito do trabalho se aquele trabalhador realiza outras atividades durante o trabalho, que não apenas a realização de exames de raios X, se aquele digitador era substituído ou não periodicamente por outro colega, se havia ou não rodízio de tarefas, o tempo de efetiva jornada de trabalho, a periodicidade de troca dos equipamentos de proteção individual, dentre outras circunstâncias do caso posto.

A oitava etapa do procedimento de concretização ocorre após a seleção dos textos ocorrida no sexto passo. A partir da atividade seletiva, realiza-se a interpretação textual à luz dos fatos selecionados como relevantes para o deslinde da controvérsia posta, de modo a construir o programa da norma (*Normprogramm*)[98].

O programa da norma, portanto, representa o resultado de todas as interpretações linguísticas possíveis[99], mediante a utilização dos métodos tradicionais de interpretação empreendidos pelo positivismo e apresentados anteriormente (gramatical, sistemático, histórico, genético e teleológico).

Assevera Friedrich Müller[100] que, na hipótese de eventuais contradições reconhecidas na interpretação pela aplicação dos métodos tradicionais nessa etapa, os elementos gramatical e sistemático devem prevalecer em detrimento dos métodos histórico e genético, já que os primeiros se relacionam ao texto da norma e, consequentemente, estabelecem os limites normativos.

---

(97) MÜLLER, Friedrich. *Discours de la méthode juridique*. Tradução de Olivier Jouanjan. Paris: Press Universitaires de France, 1996. p. 45.
(98) *Ibidem*, p. 190.
(99) MÜLLER, Friedrich. *O novo paradigma do direito*: introdução à teoria e metódica estruturantes. Tradução de Peter Naumann. 3. ed. São Paulo: Revista dos Tribunais, 2013. p. 135.
(100) MÜLLER, Friedrich. *Metodologia do direito constitucional*. Tradução de Peter Naumann. 4. ed. rev. atual. e ampl. São Paulo: Revista dos Tribunais, 2010. p. 97.

Ao ser conferida prevalência aos elementos ligados ao texto legal, é dada uma maior legitimidade à atividade de concretização, já que, de forma reflexa, são respeitados os princípios gerais do Estado democrático de Direito, como, por exemplo, o da separação dos poderes, o da legalidade e o da segurança jurídica.

O Poder Legislativo e o próprio poder constituinte, ao elaborar o texto da norma, de certa forma estabeleceram os contornos que devem ser observados pelo intérprete, durante a atividade de concretização.

Além da utilização dos métodos tradicionais de interpretação, aduz Friedrich Müller[101] que no estabelecimento do programa da norma devem ser atentados pelo intérprete também "os elementos de técnica da solução, os elementos dogmáticos, de política constitucional e de teoria".

Todavia, do mesmo modo que a utilização da metodologia histórica e genética, tais elementos devem receber do intérprete um tratamento secundário em relação aos elementos diretamente ligados ao texto da norma (interpretação gramatical e sistemática).

Uma vez estabelecido o programa da norma, a partir principalmente dos elementos da linguagem[102], é iniciado o nono passo na atividade de concretização, ou seja, o estabelecimento do âmbito da norma (*Normbereich*)[103].

O âmbito da norma, segundo Friedrich Müller[104], é constituído quando "os dados reais do âmbito material ou do âmbito do caso (ainda) são relevantes diante do programa da norma e compatíveis com ele".

Diante do conceito acima apresentado, extrai-se que o âmbito da norma representa os dados fáticos efetivamente relevantes, à luz do direito posto, na atividade de concretização realizada pelo intérprete autêntico.

Nos exemplos de direito material do trabalho relacionados à matéria de segurança e medicina do trabalho, revelam-se importantes situações fáticas como aquelas em que o empregador deixa de fornecer o mobiliário ergonômico adequado para o desempenho das atividades, ou que resiste a entregar os equipamentos de proteção individual apropriados e necessários à neutralização do agente insalubre, ou mesmo que não concede o intervalo intrajornada para repouso e alimentação.

---

(101) MÜLLER, Friedrich. *Metodologia do direito constitucional*. Tradução de Peter Naumann. 4. ed. rev. atual. e ampl. São Paulo: Revista dos Tribunais, 2010. p. 98.

(102) CHRISTENSEN, Ralph. Teoria estruturante do direito. In: MÜLLER, Friedrich. *O novo paradigma do direito*: introdução à teoria e metódica estruturantes do direito. Tradução de Peter Naumann. 3. ed. São Paulo: Revista dos Tribunais, 2013. p. 207.

(103) MÜLLER, Friedrich. *Discours de la méthode juridique*. Tradução de Olivier Jouanjan. Paris: Press Universitaires de France, 1996. p. 195.

(104) MÜLLER, Friedrich. *O novo paradigma do direito*: introdução à teoria e metódica estruturantes. Tradução de Peter Naumann. 3. ed. São Paulo: Revista dos Tribunais, 2013. p. 125.

Deve ser destacado, por oportuno, que a investigação das situações fáticas de relevo deve ser feita de forma contextualizada no tempo e no espaço, especialmente em razão dos avanços tecnológicos que, diuturnamente, acontecem na área de medicina e segurança do trabalho. Em se tratando de normas que objetivam tutelar a saúde do trabalhador, deve ter ainda em mente o intérprete autêntico que a busca da segurança laboral inadmite retrocesso[105] das conquistas obtidas pelos trabalhadores.

Por outro lado, situações fáticas como aquelas, por exemplo, relacionadas à situação do trabalhador que se desloca por caminhada entre sua residência e o local de trabalho, revelam ser irrelevantes quando da fixação do âmbito da norma em discussão envolvendo descumprimento de normas de ergonomia, ainda que tenha relação com a vida laboral cotidiana do trabalhador.

A soma entre o âmbito da norma, obtida no nono passo, e o programa da norma, estabelecido na oitava etapa do processo de concretização, constitui para Friedrich Müller a chamada estrutura da norma[106].

A décima etapa do procedimento de concretização constitui a elaboração da norma jurídica (*Rechtsnorm*), que é diretamente relacionada à situação fática concreta posta à apreciação pelo órgão julgador.

Assim, utilizando-se dos modelos exemplificativos anteriormente apresentados, tem-se que o empregador, ao não fornecer os protetores auriculares aos empregados que laboram na atividade de montagem de equipamentos com furadeiras, descumpre a norma de segurança e medicina do trabalho, prevista na Norma Regulamentadora n. 15 do Ministério do Trabalho e na Constituição da República.

A partir da construção da norma jurídica propriamente dita, que leva em consideração elementos da situação concreta, chega-se à elaboração da norma de decisão (*Entscheidungsnorm*), ou seja, décimo primeiro passo na etapa de concretização.

A norma de decisão representa a consequência jurídica que decorre da norma jurídica propriamente dita, o que, no exemplo acima apresentado, implica a condenação do empregador, além do pagamento do adicional de insalubridade correspondente, no cumprimento da obrigação de fazer correspondente ao fornecimento aos demais trabalhadores que ali continuam a laborar.

---

(105) PEDRA, Adriano Sant'Ana. *Mutação constitucional*: interpretação evolutiva da Constituição na democracia constitucional. Rio de Janeiro: Lumen Juris, 2013. p. 179.

(106) JOUANJAN, Olivier. De Hans Kelsen a Friedrich Müller: método jurídico sob o paradigma pós-positivista. In: MÜLLER, Friedrich. *O novo paradigma do direito*: introdução à teoria e metódica estruturantes do direito. Tradução de Peter Naumann. 3. ed. São Paulo: Revista dos Tribunais, 2013. p. 223.

A atividade de concretização somente é efetivada, segundo magistério de Eros Roberto Grau[107], a partir da confecção da norma de decisão. Esta, portanto, representa a aplicação prática da norma do direito ao caso posto a julgamento.

## 2.4. A LEGITIMIDADE DA ATUAÇÃO JURISDICIONAL NA CRIAÇÃO DA NORMA JURÍDICA NO ESTADO DEMOCRÁTICO DE DIREITO

A teoria estruturante da norma tem o condão de solidificar a distinção já há muito apresentada no cenário jusfilosófico pós-positivista entre o texto de lei e a norma jurídica. Define José Joaquim Gomes Canotilho[108] que o texto legal representa apenas o signo linguístico, ou seja, o dado de entrada da atividade interpretativa do jurista, ao passo que a norma jurídica consiste no produto da interpretação do texto.

A apresentação das onze etapas dinâmicas no procedimento de concretização da norma jurídica, a partir da teoria estruturante da norma de Friedrich Müller, demonstra que as bases do positivismo jurídico normativista não foram totalmente abandonadas, como se observa na fidelização do intérprete ao texto legal. O texto de lei é o ponto de partida que deve ser observado pelo julgador.

A observância do texto de lei elaborado, em regra pelo Poder Legislativo, como um dos elementos de concretização, imprime à metódica estruturante da norma desenvolvida pelo autor alemão a segurança jurídica necessária exigida no paradigma atual do Estado democrático de Direito, evitando as discricionariedades e as arbitrariedades judiciais.

Como bem adverte Friedrich Müller[109], "o texto da norma não é aqui nenhum elemento conceitual da norma jurídica, mas o dado de entrada/ *input* mais importante do processo de concretização, ao lado do caso a ser decidido juridicamente".

Assim, os elementos textuais da norma constituem instrumentos garantidores do próprio jurisdicionado. Esta garantia decorre do fato de que o texto normativo funciona como limite interpretativo do Poder Judiciário.

O controle das decisões permite o desvelamento das razões racionais que levaram à formação do convencimento do magistrado, assegurando, em última análise, a possibilidade de discussão das premissas de julgamento e,

---

(107) GRAU, Eros Roberto. *Por que tenho medo dos juízes*: a interpretação/aplicação do direito e os princípios. 6. ed. São Paulo: Malheiros, 2013. p. 33.
(108) CANOTILHO, José Joaquim Gomes. *Direito constitucional e teoria da constituição*. 7. ed. Coimbra: Almedina, 2011. p. 1217.
(109) MÜLLER, Friedrich. *O novo paradigma do direito*: introdução à teoria e metódica estruturantes do direito. Tradução de Peter Naumann. 3. ed. São Paulo: Revista dos Tribunais, 2013. p. 99.

consequentemente, efetivando o princípio constitucional da ampla defesa. Esse aspecto do controle mediante a restauração do caminhar interpretativo assegura a legitimidade da decisão judicial, angular no Estado democrático de Direito.

A possibilidade de reconstrução pelos órgãos judiciais superiores do caminho percorrido pelo julgador das etapas da construção da norma jurídica, seja ela de direito material ou de direito processual, assegura a legitimidade necessária da atividade criacionista realizada pelo Poder Judiciário[110].

Afasta-se, destarte, a legitimidade meramente formal das decisões judiciais do modelo do positivismo normativista, decorrente da simples observância da dicção da lei, esta confundida com a própria norma jurídica.

A legitimidade judicial passa a ser aferida no modelo da metódica estruturante desenvolvida na seção anterior a partir de aspectos materiais, ou seja, na possibilidade de o destinatário da aplicação da norma conhecer as etapas cognoscitivas pelas quais passou o intérprete autêntico na solução da situação concreta.

Além disso, a grande novidade da teoria estruturante do direito, e nisso se distingue das teorias juspositivistas clássicas, está relacionada à inserção de elementos da situação fática posta na atividade de criação da norma jurídica. Direito e realidade manifestam influência mútua entre si, tornando superada a dicotomia entre as esferas do ser e do dever-ser.

Ao não ser concebida a norma jurídica de forma apriorística, já que os elementos da realidade são integrantes da atividade de sua construção, assegura-se a garantia de que as decisões judiciais são tomadas apenas diante da situação concreta apresentada ao julgador.

Assim, é efetivado, a partir da teoria estruturante da norma, o direito fundamental do jurisdicionado a uma decisão judicial devidamente fundamentada em elementos fáticos e jurídicos, bem como são atendidos os princípios fundamentais da legalidade e da separação dos poderes.

Afirma-se, sem medo de cometer equívoco, que a legitimidade material da decisão judicial é assegurada a partir da teoria estruturante da norma desenvolvida por Friedrich Müller, em que tanto as normas jurídicas de direito material quanto aquelas de direito processual são construídas apenas diante da situação concreta.

---

(110) CHRISTENSEN, Ralph. Teoria estruturante do direito. In: MÜLLER, Friedrich. *O novo paradigma do direito*: introdução à teoria e metódica estruturantes do direito. Tradução de Peter Naumann. 3. ed. São Paulo: Revista dos Tribunais, 2013. p. 204.

# Parte II

**A tutela inibitória de ofício como técnica de efetividade da prestação jurisdicional em matéria de medicina e segurança do trabalho**

# 3. A TUTELA PREVENTIVA NO PARADIGMA DO ESTADO DEMOCRÁTICO DE DIREITO

## 3.1. AS CRISES DO DIREITO E A TUTELA JURISDICIONAL

A jurisdição é concebida, em sua dupla acepção, como poder-dever do Estado que, substituindo a vontade das partes, aplica a vontade da lei à situação concreta apresentada por estas na demanda[111].

No conceito apresentado, o verbete "lei" deve ser compreendido em acepção ampliada, abrangendo também as fontes do direito em geral, e não apenas os atos normativos emitidos pelos órgãos do Poder Legislativo.

A jurisdição, no paradigma do Estado Democrático de Direito, é assim inserida em uma das suas faces como poder do Estado, imbuída de competência constitucional previamente definida, para solucionar e pacificar os conflitos de interesses ou as chamadas "crises do direito"[112].

Nos moldes acima concebidos, a jurisdição representa uma etapa evolucionária nos mecanismos de solução de conflitos intersubjetivos, já que é conferida a um órgão estatal, constitucionalmente competente, a atribuição de solucionar as controvérsias de direito material trazidas pelas partes, de modo a realizar a vontade da lei de forma coativa, caso a decisão judicial não seja cumprida espontaneamente[113].

Ao assumir essa atribuição, restam superados, destarte, os mecanismos primitivos de solução de conflitos, como a autotutela, por exemplo, em que o mais forte física ou mesmo economicamente fazia valer a sua vontade por imposição[114], submetendo o mais fraco a seus desígnios.

---

(111) COUTURE, Eduardo J. *Fundamentos del derecho procesal civil*. 3. ed. Buenos Aires: Roque Depalma Editor, 1958. p. 30.
(112) DINAMARCO, Cândido Rangel. *Instituições de direito processual civil*. 4. ed. São Paulo: Malheiros, 2004. v. I, p. 149.
(113) ALVIM, Eduardo Arruda. *Direito processual civil*. 5. ed. São Paulo: Revista dos Tribunais, 2013. p. 47.
(114) MARINONI, Luiz Guilherme; ARENHART, Sérgio Cruz. *Manual do processo de conhecimento*. 5. ed. rev., atual. e ampl. São Paulo: Revista dos Tribunais, 2006. p. 31.

Além da jurisdição, o ordenamento jurídico pátrio contempla, confere legitimidade e estimula a adoção de outros mecanismos não estatais para a solução de conflitos, como se vê, por exemplo, em meios alternativos positivados de composição e de resolução de litígios, como a arbitragem e a mediação.

Diante do propósito do estudo, que objetiva analisar especificamente os aspectos da atividade jurisdicional preventiva de ordem estatal, ou seja, aquela relacionada diretamente à jurisdição, o exame desses outros instrumentos de solução de conflitos deixará de ser realizado de modo detalhado.

Associada também à manifestação de poder, a jurisdição, entendida agora como dever do Estado, confere às partes litigantes o direito subjetivo de provocar a atuação estatal e, em contrapartida, ver os conflitos de interesses apreciados pelo órgão jurisdicional.

Para tanto, é atribuído à parte, por força do princípio constitucional da inafastabilidade do controle jurisdicional, o direito público subjetivo de provocar a atuação estatal, de modo que este preste a jurisdição. Esse direito representa o direito de ação[115], que é exercido pela parte por meio da apresentação da demanda.

Vê-se, pois, que a definição proposta para o direito de ação prescinde da verificação da procedência ou não da pretensão deduzida pela parte, ou seja, independe da existência do direito material controvertido, ou até mesmo transcende o fato de a petição inicial deixar de possuir os elementos mínimos necessários para a análise de sua aptidão à análise do mérito.

Tanto o é assim que, mesmo em havendo extinção prematura do feito sem resolução do mérito por inépcia da petição inicial, ou mesmo que sejam julgadas improcedentes as pretensões deduzidas pela parte autora, ainda assim terá sido exercido o direito constitucional de ação.

A demanda, instrumento de provocação da atividade jurisdicional, é definida em seu aspecto geral por Chiovenda[116] como sendo o:

> [...] ato com o qual a parte (autor), afirmando a existência de uma vontade concreta da lei, que lhe garante um bem, declara a vontade de que seja atuada em face da outra parte (réu) e invoca, para esse fim, a autoridade do órgão jurisdicional.

A apresentação da demanda por uma das partes objetiva, assim, em um primeiro momento, provocar a atuação jurisdicional, retirando o órgão judicante da inércia, de modo que seja proferida sentença.

---

(115) FUX, Luiz. *Curso de direito processual civil*. Rio de Janeiro: Forense, 2001. p. 127.
(116) CHIOVENDA, Giuseppe. *Instituições de direito processual civil*. 4. ed. Campinas: Bookseller, 2009. p. 212.

Em um estágio posterior, a apresentação da demanda pelas partes tem como escopo a obtenção de uma solução objetiva e definitiva para as chamadas "crises do direito", estas entendidas por Cândido Rangel Dinamarco[117] como sendo os "momentos de perigo nas relações entre pessoas ou grupos, suscetíveis de serem normalizadas pela imposição do direito material".

As "crises do direito", por sua vez, podem se manifestar sobre diversas formas, notadamente consubstanciadas em crises de certeza da existência ou não de relação jurídica, de adimplemento e de estado ou de situação jurídica.

Diante desse conceito amplo de demanda apresentado por Chiovenda, é possível extrair a conclusão da existência de relação direta entre a demanda apresentada pela parte e a natureza jurídica do provimento jurisdicional, ou seja, da manifestação da vontade estatal, consubstanciada por comandos judiciais.

A parte, ao apresentar a demanda ao órgão investido de jurisdição competente para processamento e julgamento do litígio, objetiva obter uma tutela jurisdicional, de modo a solucionar a crise de direito narrada na demanda. A obtenção da tutela, nesse aspecto, é o objetivo principal da parte, ao provocar a atuação jurisdicional do órgão estatal.

A tutela jurisdicional, como bem destacam Cândido Rangel Dinamarco[118], José Roberto dos Santos Bedaque[119] e Flávio Luiz Yarshell[120], representa, em uma acepção estrita[121], o resultado final da atividade judicial em favor daquele que tem o seu interesse protegido pelo ordenamento jurídico, após a sua demonstração no processo. No presente trabalho, a expressão "tutela jurisdicional" será tomada nessa acepção estrita[122].

A partir dessa conceituação, tem-se que a tutela jurisdicional pode ser concebida tanto em favor da parte autora quanto em favor da parte

---

(117) DINAMARCO, Cândido Rangel. *Instituições de direito processual civil*. 4. ed. São Paulo: Malheiros, 2004. v. I, p. 149.
(118) *Idem*. Tutela jurisdicional. *Revista de Processo*, São Paulo, n. 81. p. 54-81, jan./mar. 1996.
(119) BEDAQUE, José Roberto dos Santos. *Efetividade do processo e técnica processual*. 3. ed. São Paulo: Malheiros, 2010. p. 520.
(120) YARSHELL, Flávio Luiz. *Tutela jurisdicional*. 2. ed. rev. e atual. São Paulo: DPJ Editora, 2006. p. 24.
(121) YARSHELL, Flávio Luiz. *Op. cit.*, p. 27, aponta que a expressão tutela jurisdicional pode ser também concebida em acepção lata, no sentido de indicar os "meios ordenados e predispostos à obtenção" do resultado processual, ou seja, inserida dentro de uma visão instrumental do processo.
(122) Sobre a expressão "tutela jurisdicional", vide: ARENHART, Sérgio Cruz. *Perfis da tutela inibitória coletiva*. São Paulo: Revista dos Tribunais, 2003. p. 42-48. O referido autor distingue "tutela jurisdicional" da chamada "tutela jurisdicional do direito", em que a aquela é associada à ideia de proteção dos direitos processuais, ao passo que esta transcende o espectro processual para alcançar a proteção efetiva do direito material subjacente.

demandada, como se observa, neste caso, nas situações em que o julgamento for desfavorável ao polo ativo da demanda.

Não se pode negar que, ao serem julgados improcedentes os pedidos formulados pelo autor, estarão sendo também tutelados os direitos subjetivos do réu e, do mesmo modo, prestada a tutela jurisdicional, já que a este também interessa a solução da "crise de direito".

Um ponto que merece ser ressaltado a partir da conceituação de tutela jurisdicional diz respeito ao fato de que a sua concessão guarda vinculação direta com a relação jurídica de direito material deduzida pelas partes da demanda[123].

Antes de analisar o nexo entre a tutela jurisdicional e a relação jurídica de direito material apresentada pelas partes, convém ressalvar que esse liame não representa um retorno à teoria imanentista ou civilista do direito de ação, em que este direito somente existiria caso assegurado o direito subjetivo material pelo ordenamento jurídico[124].

A vinculação entre o direito material e a tutela jurisdicional representa a necessidade de repensar o processo não apenas como instrumento posto pelo Estado, mas, sobretudo, como técnica destinada a solucionar os conflitos subjetivos ou as chamadas "crises do direito" apresentadas pelas partes.

Não se quer com isso retirar do direito processual a sua autonomia como ciência dentro da enciclopédia jurídica, mas, sim, propiciar uma reflexão crítica de que o processo é apenas um instrumento disponibilizado pelo Estado para que as partes possam apresentar as suas pretensões ao órgão jurisdicional e, assim, obter uma solução para as controvérsias de direito material apresentadas.

Ao ser concebido em seu caráter instrumental, o processo e, consequentemente, as normas processuais positivadas devem ser construídas e interpretadas também à luz do direito material subjacente, sob pena de, como adverte Bedaque[125], transformar a ciência processual "[...] num desinteressante sistema de formalidades e prazos", ou seja, em algo estéril e despropositado com a relação substantiva subjacente.

Uma parcial conclusão que se alcança neste ponto do trabalho diz respeito ao fato de que para se obter a concreta produção de efeitos do direito material subjacente é necessário também construir e interpretar as normas processuais de modo a produzir a máxima efetividade. Não se pode

---

(123) BEDAQUE, José Roberto dos Santos. *Direito e processo*: influência do direito material sobre o processo. 3. ed. rev. e ampl. São Paulo: Malheiros, 2003. p. 28.

(124) FUX, Luiz. *Curso de direito processual civil*. Rio de Janeiro: Forense, 2001. p. 130.

(125) BEDAQUE, José Roberto dos Santos. *Op. cit.*, p. 13.

pensar o direito processual como uma ilha isolada do direito material, sob pena de transformar o instrumental em um fim em si mesmo, em manifesta contradição lógica.

Nesse aspecto, diante da relação entre o direito material e o direito processual, o papel do magistrado assume destaque na tutela jurisdicional de direitos, especialmente naqueles que assumem dimensão metaindividual[126], como são exemplos os direitos relacionados à segurança e à medicina do trabalho, ainda que apresentados e postulados de forma individual pela parte da demanda.

Diante da construção realizada, especialmente a partir da relação entre o direito material e o direito processual, tem-se concebida a existência de relação direta entre as crises do direito e a tutela jurisdicional pretendida, o que ensejou a confecção doutrinária de classificações da tutela[127], conforme será aprofundado na seção subsequente do trabalho.

## 3.2. AS CLASSIFICAÇÕES DAS TUTELAS JURISDICIONAIS

### 3.2.1. A classificação ternária das tutelas jurisdicionais de cognição

Ao se realizar uma classificação no âmbito jurídico, pressupõe-se a prefixação de critérios objetivos e uniformes de modo a sistematizar categorias jurídicas. Sobre a atividade de classificação e de conceituação, aponta Kazuo Watanabe[128] que elas objetivam permitir ao intérprete compreender os fenômenos do direito.

Dessa forma, para que uma classificação tenha possibilidade de sucesso e, consequentemente, seja de utilidade prática, são necessárias a organização e a homogeneização dos critérios utilizados.

Tradicionalmente, as tutelas jurisdicionais foram agrupadas em três grandes grupos, considerando como critério distintivo a atividade realizada pelo magistrado para conhecer a relação jurídico-material subjacente[129].

Assim, as tutelas são classificadas em três agrupamentos, considerando o critério objetivo atividade de cognição realizada pelo Estado-juiz: tutela de cognição ou de conhecimento, tutela de execução ou executiva em sentido estrito e tutela cautelar.

---

(126) LEITE, Carlos Henrique Bezerra. *Direitos humanos*. 2. ed. Rio de Janeiro: Lumen Juris, 2011. p. 98.
(127) MIRANDA, Pontes de. *Tratado das ações*. Campinas: Bookseller, 1998. v. 1. p. 210-226.
(128) WATANABE, Kazuo. *Da cognição no processo civil*. 2. ed. São Paulo: Cebepej, 1999. p. 90.
(129) BEDAQUE, José Roberto dos Santos. *Efetividade do processo e técnica processual*. 3. ed. São Paulo: Malheiros, 2010. p. 521.

A tutela de conhecimento pressupõe a realização de atividade cognitiva, como o próprio nome denota, pelo Estado-juiz de desvelamento da relação de direito material subjacente, de modo a permitir a formação do convencimento do magistrado que, ao final, caso seja apreciado o mérito da demanda, possa ser determinado quem tem razão na lide.

Uma vez apresentada a demanda, que será submetida ao crivo do contraditório, permite-se ao Estado-juiz conhecer da relação de direito material subjacente à relação de direito processual. Esta relação controvertida é apresentada sob a forma de "crises do direito".

Pressupõem, portanto, as tutelas cognitivas a atividade de investigação da relação de direito material subjacente, que não se encontra previamente definida no momento da propositura da demanda.

Outro grupo de tutelas compreende as chamadas tutelas executivas. A referida tutela tem como característica diferenciadora das tutelas cognitivas o fato de que a existência e o conteúdo da relação jurídica material são preconcebidos, seja por ato do órgão legislativo que imprimiu a determinados títulos força executiva ou mesmo porque já houve o exaurimento da atividade cognitiva, como se dá, por exemplo, na execução de certidões de dívidas trabalhistas.

Já, por fim, a tutela cautelar caracteriza-se por uma abreviação da atividade cognitiva do magistrado que, diante de um juízo perfunctório de probabilidade da existência do direito da parte, e em razão da possibilidade de geração de dano processual pela demora da prestação jurisdicional, tornando inútil ou prejudicado o resultado útil do processo principal, determina a prática de atos processuais, como, por exemplo, o sequestro, o arresto, a busca e apreensão, dentre outras medidas cautelares nominadas e inominadas.

A tutela cautelar, portanto, tem como característica principal a sumariedade da atividade de cognição. Em razão da urgência, pode a tutela inclusive ser concedida *inaudita altera pars*, postergando o exercício do contraditório e da ampla defesa, mas nunca suprimindo tais garantias constitucionais.

As tutelas de conhecimento ou de cognição, por sua vez, foram classificadas em um primeiro momento em três subespécies, tomando em conta o critério da eficácia processual, ou seja, da natureza dos efeitos predominantes do provimento jurisdicional[130]. Dessa forma, as tutelas de cognição foram classificadas inicialmente em tutelas declaratórias, constitutivas e condenatórias.

---

(130) YARSHELL, Flávio Luiz. *Tutela jurisdicional*. 2. ed. rev. e atual. São Paulo: DPJ Editora, 2006. p. 150.

Ao se considerar a relação do direito processual com o direito material, adverte Yarshell[131] que o purismo dos efeitos processuais não é capaz de tornar esse critério distintivo suficiente para a enumeração ternária das tutelas anteriormente exposta. Nesse aspecto, Bedaque[132] arremata que a classificação ternária tradicional também leva em consideração a natureza das crises do direito material subjacente como critério distintivo.

A tutela cognitiva declaratória objetiva sanar as chamadas crises de certeza ou de acertamento do direito[133]. Por meio da referida tutela, objetiva a parte que o órgão jurisdicional declare a existência ou não de relação jurídica havida entre as partes da demanda e também, por força do artigo 4º do CPC de 1973[134] e do artigo 19 do novo Código de Processo Civil[135], a declaração de falsidade ou de autenticidade de documentos, mesmo que também tenha havido a violação do direito.

Sobre essa tutela, preceitua Pontes de Miranda[136] que a tutela declaratória, oriunda de uma sentença da mesma natureza, tem como escopo primordial o de proteção, pois permite a partir de sua concessão e do trânsito em julgado da decisão a solução definitiva da crise de incerteza que rodeava a relação jurídica entre as partes.

Um ponto que merece destaque em relação à tutela declaratória diz respeito ao fato de que, uma vez concedida, não se demanda a prática de atos executivos[137], já que a mera declaração judicial é plenamente capaz de satisfazer o interesse jurídico do beneficiado da tutela e inexiste alteração da relação jurídica havida entre as partes, solucionando a crise de certeza inicialmente colocada à apreciação.

Apresenta-se também, ao lado da tutela declaratória, a chamada tutela cognitiva constitutiva de direitos. Por meio da referida tutela, objetiva-se precipuamente a solução das chamadas crises de situações jurídicas entre as partes da demanda.

A alteração da situação jurídica, não alcançada espontaneamente pelas partes, seja porque a lei expressamente veda a autotutela, pela resistência

---

(131) YARSHELL, Flávio Luiz. *Tutela jurisdicional*. 2. ed. rev. e atual. São Paulo: DPJ Editora, 2006. p. 150.
(132) BEDAQUE, José Roberto dos Santos. *Efetividade do processo e técnica processual*. 3. ed. São Paulo: Malheiros, 2010. p. 530.
(133) COMOGLIO, Luigi Paolo; FERRI, Corrado; TARUFFO, Michele. *Lezioni sul processo civile*. 5. ed. Bolonha: Il Mulino, 1995. v. I, p. 626.
(134) BRASIL. *Código de processo civil*. 37. ed. São Paulo: Saraiva, 2007.
(135) Art. 19. O interesse do autor pode se limitar à declaração: I — da existência, da inexistência ou do modo de ser de uma relação jurídica; II — da autenticidade ou da falsidade de documento.
(136) MIRANDA, Pontes de. *Tratado das ações*. Campinas: Bookseller, 1998. v. 1. p. 210.
(137) NERY JUNIOR, Nelson; NERY, Rosa Maria de Andrade. *Código de processo civil comentado e legislação extravagante*. 11. ed. rev., ampl. e atual. São Paulo: Revista dos Tribunais, 2010. p. 182.

da parte contrária ao reconhecer o direito ou mesmo porque o interesse público subjacente impede esse reconhecimento espontâneo[138], pressupõe a atividade declarativa, ainda que conhecida como questão prejudicial de mérito pelo Juízo.

Essa é a razão de, mesmo nas chamadas tutelas constitutivas, se conceber uma atividade declaratória prévia, mas que se distinga das chamadas tutelas de acertamento em razão do seu elemento preponderante.

Acentua Pontes de Miranda[139] que a tutela constitutiva tem o condão primordial de realizar a alteração no mundo jurídico, já que o provimento jurisdicional concedido, caso seja julgada procedente a pretensão deduzida, ensejará a constituição, modificação ou mesmo a extinção de uma situação jurídica.

Diante da possibilidade de alterar uma situação jurídica, é realizada a associação doutrinária entre as tutelas constitutivas e os chamados direitos potestativos, já que "o novo estado jurídico dá-se pela mera declaração de vontade do titular, ou mediante verificação judicial"[140].

As tutelas cognitivas constitutivas, da mesma forma que as tutelas declaratórias ou de acertamento, dispensam a atividade executiva posterior, já que o provimento jurisdicional, por si só, é capaz de debelar a crise de direito apresentada pela parte da demanda.

Ainda na classificação tradicional ternária, apresenta-se a chamada tutela cognitiva condenatória. A referida tutela pressupõe a existência de crise de adimplemento de uma obrigação ou dever jurídico, decorrente da recusa do pretenso devedor.

Da mesma forma que nas tutelas constitutivas, a atividade judicial diante da crise de adimplemento apresentada pelas partes pressupõe a atividade cognitiva declaratória, conhecida de forma prejudicial ou mesmo incidental. Distingue-se da tutela declaratória, todavia, pelo seu elemento preponderante, que no caso é a solução da crise de cumprimento da obrigação, decorrente da relação jurídica de direito material subjacente.

Diversamente das tutelas de cognição declaratórias e cognitivas, cujas sentenças de mérito são suficientes para solucionarem efetivamente as crises de certeza e de situação jurídica, as chamadas tutelas condenatórias exigem a atividade executiva posterior forçada, consubstanciada na prática de atos de invasão patrimonial, caso a obrigação não seja adimplida espontaneamente

---

(138) Serve como exemplo dessa última hipótese restritiva, ou seja, da impossibilidade de reconhecimento espontâneo da nova situação jurídica, a demanda para anulação de casamento apresentada por um dos cônjuges, em decorrência do interesse público primário subjacente.
(139) MIRANDA, Pontes de. *Tratado das ações*. Campinas: Bookseller, 1998. v. 1. p. 216.
(140) YARSHELL, Flávio Luiz. *Tutela jurisdicional*. 2. ed. rev. e atual. São Paulo: DPJ Editora, 2006. p. 156.

pelo devedor reconhecido judicialmente. Efetiva-se, assim, em regra a tutela condenatória por meio da prática de atos sub-rogatórios.

Os atos de sub-rogação, segundo Eduardo Talamini[141], constituem "providências aptas a, independentemente da participação do sancionado, atingir o resultado determinado pelo comando sancionatório".

Além da classificação ternária tradicionalmente apresentada, a doutrina[142] vem concebendo uma nova classificação das tutelas de cognição para incluir, além das tutelas declaratórias, constitutivas e condenatórias, as chamadas tutelas cognitivas mandamentais e executivas *lato sensu*, que serão estudadas na próxima seção do trabalho.

### 3.2.2. A classificação quinária das tutelas jurisdicionais de cognição

A realização de classificações, conforme fora apresentada na seção anterior, pressupõe a prefixação de critérios uniformes e objetivos para a categorização em grupos de análise.

Esses agrupamentos classificatórios podem ser úteis ou menos úteis para o operador do direito, já que o objetivo primordial dessa separação em categorias é permitir a melhor compreensão do fenômeno jurídico em estudo.

Conforme visto, as chamadas crises de certeza, de situação jurídica e de adimplemento do direito, ou seja, decorrentes da relação jurídica de direito material subjacente, associadas à chamada eficácia processual, representam os elementos que norteiam a tradicional classificação ternária das tutelas de cognição em declaratórias, constitutivas e condenatórias, respectivamente.

No entanto, diante de situações previstas em lei, alguns representantes da doutrina, como Pontes de Miranda[143] e Luiz Fux[144], reconhecem, ainda que este último com algumas particularidades em seu posicionamento[145], a existência de outras duas espécies de tutelas: as mandamentais e as executivas *lato sensu*.

Antes, porém, de analisar a existência de uniformidade ou não no critério utilizado para a classificação quinária das tutelas, convém investigar as

---

(141) TALAMINI, Eduardo. *Tutela relativa aos deveres de fazer e de não fazer*. São Paulo: Revista dos Tribunais, 2001. p. 168.
(142) MIRANDA, Pontes de. *Tratado das ações*. Campinas: Bookseller, 1998. v. 1. p. 224-225.
(143) *Idem*.
(144) FUX, Luiz. *Curso de direito processual civil*. Rio de Janeiro: Forense, 2001. p. 47.
(145) Enquanto Pontes de Miranda inclui as tutelas mandamentais e executivas *lato sensu* dentro das chamadas tutelas cognitivas, Luiz Fux apenas inclui as primeiras inseridas nas tutelas de conhecimento. As tutelas executivas em sentido amplo, na visão do professor da Universidade do Estado do Rio de Janeiro, encontram-se dentro do gênero tutela executiva.

particularidades dessas novas espécies ora apresentadas, traçando os seus elementos característicos e definidores.

A tutela mandamental é aquela que, segundo Pontes de Miranda[146], contém no provimento jurisdicional a emanação de uma ordem pelo órgão prolator da decisão, para que o devedor da relação de material cumpra a obrigação inadimplida.

Como bem assevera Bedaque[147], nessa espécie de tutela, em que uma de suas manifestações é a tutela inibitória, o provimento jurisdicional contém expressamente uma ordem para o cumprimento da decisão, podendo ser utilizados pelo órgão julgador meios de coerção contra o devedor da obrigação para a garantia do resultado útil do processo.

Diversamente ocorre nas tutelas de cognição condenatórias de ressarcimento, ou também denominadas tutelas condenatórias em sentido estrito, em que se exige, como regra, para a efetividade do provimento jurisdicional a realização de atos sub-rogatórios, quando não for adimplido espontaneamente pelo devedor o comando da decisão.

Diante dessas considerações, há que se extrair que a tutela mandamental particulariza-se pela forma da efetividade da decisão. O juiz, ao emitir a ordem no comando sentencial, determina que a parte realize o adimplemento da obrigação determinada, sob pena de, inclusive, em caso de descumprimento, restar caracterizada a prática do crime de desobediência[148], sem contar com a possibilidade de aplicação das penas da litigância de má-fé[149].

Nas lições de Bedaque[150], na tutela mandamental "o processo de execução ou a prática de atos de sub-rogação não são necessários", pois a própria ordem judicial, por meio da adoção de instrumentos coercitivos, tem o condão de constranger o devedor do direito a cumprir a obrigação imposta.

A natureza mandamental da tutela é, assim, identificada e caracterizada pela existência de uma ordem que o provimento jurisdicional traz embutida no comando sentencial.

---

(146) MIRANDA, Pontes de. *Tratado das ações*. Campinas: Bookseller, 1998. v. 1. p. 224.
(147) BEDAQUE, José Roberto dos Santos. *Efetividade do processo e técnica processual*. 3. ed. São Paulo: Malheiros, 2010. p. 528.
(148) O crime de desobediência é tipificado no ordenamento jurídico pátrio no artigo 330 do CP. No novo Código de Processo Civil, essa previsão é expressa no artigo 536, § 3º.
(149) Art. 536. No cumprimento de sentença que reconheça a exigibilidade de obrigação de fazer ou de não fazer, o juiz poderá, de ofício ou a requerimento, para a efetivação da tutela específica ou a obtenção de tutela pelo resultado prático equivalente, determinar as medidas necessárias à satisfação do exequente. (*omissis*). § 3º O executado incidirá nas penas de litigância de má-fé quando injustificadamente descumprir a ordem judicial, sem prejuízo de sua responsabilização por crime de desobediência.
(150) *Ibid.*, p. 528.

Essa ordem destinada à efetividade do provimento jurisdicional pode trazer em si, internamente, instrumentos de coerção, como, por exemplo, a fixação de *astreintes* ou outras medidas cominatórias, de modo a compelir o devedor da relação de direito material a adimplir a obrigação.

Esses instrumentos de pressão, postos à disposição do magistrado para assegurar a efetividade do provimento jurisdicional, podem ser fixados de ofício, ou mesmo majorados ou minorados, conforme se revele insuficiente ou não no curso da demanda[151].

Não se quer com essa assertiva, entretanto, afirmar que na tutela mandamental inexista fase executiva, já que é possível, em eventual descumprimento da ordem judicial na qual fora cominada multa diária pelo inadimplemento, por exemplo, a prática de atos invasivos no patrimônio do devedor para assegurar o pagamento desta, aplicada em decorrência do seu não cumprimento no tempo e modo impostos na sentença.

Diante dessa análise, já se constata que a concessão da tutela mandamental pode trazer de forma subjacente crises de direito material como, ilustrativamente, as de adimplemento, características daquelas que ensejam tradicionalmente a chamada tutela condenatória[152].

Serve, como situação exemplificativa de uma crise de adimplemento no campo do direito do trabalho, capaz de ensejar a concessão de tutela mandamental, a demanda proposta por um ente coletivo, como o sindicato de classe, associações ou mesmo o Ministério Público do Trabalho que contenha, dentre os pedidos mediatos, o de fornecimento de equipamentos de proteção individual adequados e certificados aos trabalhadores de determinada indústria, sob a alegação de inadequação ou de não disponibilização por parte do empregador, não obstante a realização diária de labor em condições insalubres definidas em lei.

No exemplo apresentado, discute-se na lide a crise de adimplemento de obrigação na relação de trabalho, na qual pretende o vencedor a tutela sob a forma mandamental.

Nessas situações, e em havendo a procedência da pretensão deduzida pela parte autora, o órgão julgador no comando decisório imporá ordem para

---

(151) O novo Código de Processo Civil expressamente autoriza essa possibilidade de majoração ou de redução das *astreintes* fixadas no curso do processo, de ofício ou a requerimento, conforme disposição do artigo 537, § 1º.
(152) No sentido de que a tutela mandamental é espécie da tutela condenatória, vide THEODORO JÚNIOR, Humberto. As sentenças determinativas e a classificação das ações. In: COSTA, Eduardo José da Fonseca; MOURÃO, Luiz Eduardo Ribeiro; NOGUEIRA, Pedro Henrique Pedrosa (Coord.). *Teoria quinária da ação*. Salvador: Juspodium, 2010. p. 315-330.

o cumprimento da obrigação legal em prazo razoável, podendo inclusive se valer de meios coercitivos para o adimplemento, como a imposição de multas diárias ou a adoção de outras medidas cominatórias.

Além da tutela mandamental, a classificação quinária das tutelas de cognição traz também a tutela executiva *lato sensu* como uma de suas espécies. A tutela executiva em sentido amplo contém em seu bojo instrumentos para a efetivação do direito reconhecido, sem a necessidade da fase de execução.

Entretanto, a distinção com a tutela mandamental reside no fato de que a tutela executiva *lato sensu* efetiva-se por atos de sub-rogação, ao passo que aquela é efetivada em regra por meio de atos de coerção pessoal, como, exemplificativamente, na fixação de *astreintes* ou outras medidas cominatórias e, em caso de insucesso, por meios sub-rogatórios.

Diante dessas duas novas espécies de tutela apresentadas, e como, de certa forma, já adiantado, observa-se que a classificação quinária das sentenças peca pela ausência de uniformidade dos critérios utilizados na categorização das tutelas[153], o que a torna equivocada sob prisma técnico.

Enquanto na classificação ternária é observada a uniformidade nos critérios de agrupamento, consubstanciadas na natureza da crise de direito apresentada pelas partes da demanda e nos efeitos processuais, a classificação quinária, por sua vez, utiliza-se de critérios mistos utilizando-se, além daqueles já mencionados, de critérios que envolvem a forma de efetivação da tutela.

Diante dessas considerações, entende-se que a classificação acadêmica que deve ser utilizada é a tradicional ternária, sendo as tutelas mandamentais e executivas *lato sensu* apenas subespécies da tutela condenatória[154], já que estas duas últimas trazem em si elementos de crise de adimplemento por devedor da relação jurídica de direito material subjacente.

Não se quer com isso, frise-se, desconsiderar a existência das tutelas mandamentais e executivas *lato sensu*. Pelo contrário, a objeção por nós efetuada diz respeito apenas ao fato de que tais espécies de tutela não podem ser agrupadas como categorias independentes em relação às tradicionais tutelas declaratórias, constitutivas e condenatórias, mas, sim, como subespécies desta última categoria.

---

(153) Nesse mesmo sentido, BEDAQUE, José Roberto dos Santos. *Efetividade do processo e técnica processual*. 3. ed. São Paulo: Malheiros, 2010. p. 529.
(154) THEODORO JÚNIOR, Humberto. As sentenças determinativas e a classificação das ações. In: COSTA, Eduardo José da Fonseca; MOURÃO, Luiz Eduardo Ribeiro; NOGUEIRA, Pedro Henrique Pedrosa (Coord.). *Teoria quinária da ação*. Salvador: Juspodium, 2010. p. 327.

### 3.2.3. Outras classificações das tutelas jurisdicionais de cognição

Além das classificações anteriormente apresentadas para as tutelas jurisdicionais, a doutrina[155] vem apresentando outras tantas que levam em consideração os mais variados critérios, como em razão da verificação de preexistência ou não de danos, da natureza do interesse jurídico subjacente, o momento da concessão, o nível de cognição utilizado pelo órgão judicante para a concessão, dentre outros tantos.

A partir desses critérios, a tutela pode ser classificada em: 1) preventiva ou repressiva conforme a pressuposição ou não da existência do elemento danoso; 2) individual ou coletiva, em decorrência do interesse material tutelado; 3) antecipada ou final, como consequência do momento processual em que houve a concessão; 4) e sumária ou exauriente, como resultado da atividade cognitiva realizada pelo juiz a concessão.

Como resultado da delimitação do objeto dessa obra, o estudo vai ser cingido à primeira classificação apresentada no presente tópico, que divide as tutelas jurisdicionais em preventivas e repressivas.

No modelo de Estado liberal de Direito, como visto na primeira parte do trabalho, a grande preocupação do Estado, no âmbito do direito processual especialmente, era a de resguardar os interesses individuais e suas liberdades, por meio de instituição de garantias processuais positivadas e pela menor intervenção estatal possível, inclusive do Estado-juiz.

Na atividade interpretativa do modelo jusnaturalista, a discricionariedade judicial provacava nas relações privadas incerteza jurídica. A insegurança comprometia o desenvolvimento dos negócios da classe burguesa ascendente.

De um lado, a positivação das regras processuais e também de direito material, em associação à visão do órgão judicante como mero reprodutor dos ditames legais, ou seja, como *bouche de la loi*, assegurou ao particular a segurança necessária para a realização dos negócios jurídicos e desenvolvimento do sistema de produção capitalista.

Em outro giro, essa visão conformativa liberal da interpretação do direito ao modelo juspositivista imprimiu o desenvolvimento de mecanismos processuais tendentes ao aperfeiçoamento das tutelas clássicas reparatórias, deixando de certo modo marginalizadas as chamadas tutelas preventivas.

A concepção de uma ideia de tutela preventiva no cenário de Estado liberal de Direito, portanto, vinha na contramão das liberdades recém-adquiridas nas revoluções liberais, já que a concepção de uma tutela antes da ocorrência do dano poderia implicar a violação das liberdades individuais.

---

(155) Esses outros critérios classificatórios são apresentados por BEDAQUE, José Roberto dos Santos. *Efetividade do processo e técnica processual*. 3. ed. São Paulo: Malheiros, 2010. p. 532.

Nesse mesmo sentido, assevera Luiz Guilherme Marinoni[156] que a visão repressiva da jurisdição no Estado liberal, ligada a uma de garantia das liberdades individuais, inibiu o surgimento e o desenvolvimento de uma doutrina acerca da tutela preventiva de direitos.

Em nome das liberdades individuais, era reconhecido como carente do direito de ação, por falta de interesse em agir, aquele que propusesse uma demanda antes da ocorrência do dano, seja ele de natureza jurídica patrimonial ou não[157].

Nesse quadro processual, desenvolveram-se na doutrina mecanismos e procedimentos para uma tutela essencialmente repressiva, ou seja, obtida após a ocorrência de lesão ao direito da parte da demanda.

A efetividade do processo é vista e analisada a partir do seu resultado prático, ou seja, na possibilidade de restaurar o *status quo* ou mesmo obter o resultado equivalente ao adimplemento espontâneo da obrigação.

Por certo, já se observa que as tutelas repressivas, embora almejem a efetividade, podem não se revelar eficientes na tutela do direito material em si.

A espera da ocorrência da lesão implica a necessidade de percorrer posteriormente um longo caminho, com a prática de diversos atos processuais tendentes, em um primeiro estágio, ao reconhecimento da existência da lesão do direito, para só então, posteriormente, percorrer um *iter procedimental* tendente à restauração ao momento anterior da lesão ou conversão do equivalente em pecúnia.

Sem olvidar que, em se tratando de violação de direitos não patrimoniais ou de direitos com espectro metaindividual[158], a restauração do *status quo* nem sempre é possível e eficiente e, mesmo quando se trata de direitos patrimoniais, a fase de execução pode se revelar frustrada[159].

Diante dessa preocupação com a efetividade processual, ainda no período do Estado liberal de Direito tentou-se construir um embrião da tutela preventiva do direito, a partir da tradicional tutela declaratória apresentada na classificação ternária das tutelas jurisdicionais.

---

(156) MARINONI, Luiz Guilherme. *Tutela inibitória*: individual e coletiva. 5. ed. rev. São Paulo: Revista dos Tribunais, 2012. p. 267.
(157) RAPISARDA, Cristina. *Profili della tutela civile inibitoria*. Padova: CEDAM, 1987. p. 30.
(158) PIMENTA, José Roberto Freire. A tutela metaindividual dos direitos trabalhistas: uma exigência constitucional. In: PIMENTA, José Roberto Freire; BARROS, Juliana Augusta Medeiros de; FERNANDES, Nadia Soraggi (Coord.). *Tutela metaindividual trabalhista*: a defesa coletiva dos direitos dos trabalhadores em juízo. São Paulo: LTr, 2009. p. 13.
(159) BARBOSA MOREIRA, José Carlos. *Temas de direito processual*: segunda série. 2. ed. São Paulo: Saraiva, 1988. p. 22.

Sobre a utilização da tutela declaratória para fins preventivos no contexto do modelo do Estado liberal, precisas são as lições de Marinoni[160]:

> A função preventiva ficou reservada à ação declaratória. Note-se, porém, que um remédio preventivo que atua no plano normativo, regulando apenas formalmente as relações privadas, sem incidir concretamente na realidade social, é o reflexo de um Estado ainda marcado pela ideia de não intervenção na "vida privada". Se a sentença (declaratória) se limita a analisar a regularidade de uma relação jurídica já formada e determinada pela vontade individual, resta intacta a esfera da liberdade individual, respeitando-se os valores do Estado liberal.

O problema da construção concebida no paradigma do Estado liberal está no fato de que a tutela declaratória não tem papel de impedir a prática de um ilícito, inibindo o pretenso violador de um direito fundamental atos antijurídicos. Como visto anteriormente, a tutela declaratória presta-se apenas a sanar crises jurídicas de certeza, sem qualquer pretensão prevenir a ocorrência do dano.

Na perspectiva liberal individualista, como apresentada na primeira parte do estudo, a perspectiva da atuação jurisdicional limitava-se a solucionar os conflitos, sem se imiscuir nas esferas de liberdade. Ao se adotar a tutela declaratória, a partir da técnica da sentença de mesma natureza, tem-se apenas o reconhecimento da lesão ou da ameaça de lesão a direito, sem qualquer preocupação com a alteração do plano fático.

A partir da preocupação com a efetividade do direito material tutelado, em consonância com a visão instrumental do processo[161], que será analisada em capítulo próprio, passa-se a priorizar, já no paradigma do Estado democrático de Direito, uma perspectiva de tutela preventiva de direitos, como se observa na redação do artigo 5º, XXXV da CRFB, que expressamente prevê que "a lei não excluirá da apreciação do Poder Judiciário [...] ameaça a direito", e na edição de diversos textos legislativos como o artigo 84 do CDC[162] e da Lei n. 8.952/94, que alterou a redação originária do artigo 461 do CPC de 1973[163].

No novo Código de Processo Civil, essa preocupação com a tutela preventiva de direitos é expressamente reconhecida no artigo 497, parágrafo único, ao dispor que um dos campos de aplicação das tutelas específicas

---

(160) MARINONI, Luiz Guilherme. *Tutela inibitória*: individual e coletiva. 5. ed. rev. São Paulo: Revista dos Tribunais, 2012. p. 272.
(161) DINAMARCO, Cândido Rangel. *A instrumentalidade do processo*. 15. ed. São Paulo: Malheiros, 2013. p. 177.
(162) BRASIL. *Código de proteção e defesa do consumidor*. 23. ed. São Paulo: Saraiva, 2014.
(163) BRASIL. *Código de processo civil*. 37. ed. São Paulo: Saraiva, 2007.

de obrigações de fazer ou não fazer consiste na prática de atos tendentes a inibir o cometimento de um ato ilícito.

Diante das diversas particularidades da tutela preventiva de direitos, especialmente após a edição dos diplomas legislativos citados, serão dedicados o próximo tópico e os próximos capítulos para o estudo da tutela preventiva inibitória, a partir dos seus fundamentos constitucionais e infraconstitucionais.

## 3.3. OS FUNDAMENTOS DA TUTELA INIBITÓRIA COMO EXPRESSÃO DE UMA TUTELA PREVENTIVA DE DIREITOS

Quando se pensa na proteção de um bem jurídico, a primeira ideia que surge de modo intuitivo está relacionada à noção de prevenção, especialmente quando se trata de bens de cunho não patrimonial ou mesmo daqueles que assumem expressão para além das pessoas, individualmente consideradas.

A atividade preventiva de lesões ou de danos a direitos, no âmbito das relações de emprego, ocorre tanto de forma administrativa quanto judicialmente.

Na esfera executiva, a atividade de fiscalização apresenta ineficácia. Contribuem para tanto o número insuficiente de auditores fiscais do trabalho para realizar a fiscalização de todas as empresas instaladas no Brasil[164] e a carência de recursos materiais necessários para a execução de tais tarefas.

Revelando-se insuficiente a atividade preventiva administrativa, abre--se um campo vasto e fértil para violações de direitos de trabalhadores. A lesão de bens jurídicos de trabalhadores implica o desequilíbrio das relações sociais, gerando conflitos de interesses que desaguam, em regra, no Poder Judiciário, poder do Estado responsável para, substituindo a vontade das partes, aplicar o direito na situação concreta por meio da jurisdição.

Observa-se que, no Brasil, apenas no ano de 2011 tramitaram cerca de 90 milhões de novas demandas no Poder Judiciário[165], assoberbando esse poder da República.

Na Justiça do Trabalho, especificamente, no ano de 2012, foram recebidos nas Varas do Trabalho, principal porta de entrada do Poder Judiciário

---

(164) O número de auditores fiscais de trabalho no Brasil é insuficiente para a realização de atividades preventivas e de fiscalização quanto ao descumprimento de normas trabalhistas, conforme notícia divulgada no sítio da Associação dos Auditores Fiscais do Trabalho de Pernambuco <http://www.afitepe.org.br/noticias/headline.php?n_id=8790&u=1%5C>. Acesso em: 14 jul. 2013.

(165) Conforme dados colhidos pelo Conselho Nacional de Justiça e divulgados no sítio do Supremo Tribunal Federal, em consulta realizada no dia 14 de julho de 2013, às 9 horas: <http://www.stj.jus.br/portal_stj/publicacao/engine.wsp?tmp.area=398&tmp.texto=107545>.

trabalhista, 2.239.671 casos novos, 6,11% a mais que em 2011, conforme dados estatísticos consolidados pelo Tribunal Superior do Trabalho[166].

Embora o TST em sua estatística não tenha números consolidados acerca do percentual de demandas que são apresentadas objetivando a tutela preventiva de direitos, tem-se, em razão da prática vivenciada por esse autor, enquanto Juiz do Trabalho Substituto no Tribunal Regional do Trabalho da 17ª Região, que raríssimas dessas demandas são ajuizadas antes da ocorrência da lesão de direitos ou de violação do bem jurídico e de forma coletivizada.

Certo, porém, é que, das demandas apresentadas sob a forma individual, expressivo é o número daquelas em que o contrato de trabalho já está extinto[167]. Além disso, os trabalhadores individualmente apresentam reclamações trabalhistas unicamente com dedução de pretensões de cunho repressivo e sancionatório, de expressão pecuniária[168], normalmente após a ocorrência do dano, quando se trata de matéria de segurança e medicina do trabalho.

É sabido, também, que apenas parte dos trabalhadores ajuíza reclamações trabalhistas e, mesmo assim, após o rompimento da relação de emprego, que associado a outras circunstâncias de ordens fáticas e jurídicas como a de que somente são possíveis em regra serem reclamadas judicialmente pretensões inseridas dentro do quinquênio que antecedeu a propositura da reclamação trabalhista, o desconhecimento dos direitos pelos trabalhadores, a duração do processo como fator de desestímulo, ou mesmo o fundado temor de inclusão de seus nomes em "listas negras"[169], que a preocupação com a atividade preventiva deve estar na ordem do dia dos operadores do direito.

A tutela repressiva, como fora analisada anteriormente, não se revela totalmente apta à proteção de determinados direitos, principalmente aqueles que têm expressão metaindividual, quando se observa o processo sob a perspectiva da efetividade do direito material, conforme dificuldades já traçadas na subseção anterior.

Somam-se ainda às dificuldades apresentadas pela tutela repressiva, o fato de que, em se tratando de violações a direitos relacionados à matéria de segurança e medicina do trabalho, eventuais danos causados aos trabalhadores podem ser insuscetíveis de restauração integral do *status quo*[170].

---

(166) Dados colhidos no sítio do Tribunal Superior do Trabalho, <http://www.tst.jus.br/documents/10157/1ef6418b-13fa-404f-9e3a-0e894aa21358>, conforme consulta realizada em: 14 julho 2013.
(167) FAVA, Marcos Neves. *Ação civil pública trabalhista*: teoria geral. 2. ed. São Paulo: LTr, 2008. p. 85.
(168) PISANI, Andrea Proto. *Studi di diritto processuale del lavoro*. Milão: Franco Angeli, 1976. p. 314.
(169) MALLET, Estêvão. Considerações sobre a homogeneidade como pressuposto para a tutela coletiva de direitos individuais. In: MALLET, Estêvão; SANTOS, Enoque Ribeiro dos (coordenadores). *Tutela processual coletiva*: temas. São Paulo: LTr, 2010. p. 13.
(170) Para BARBOSA MOREIRA, José Carlos. *Temas de direito processual*. Segunda série, 2. ed. São Paulo: Saraiva, 1988, p. 24, o pagamento de indenização é apenas um prêmio de consolo para aquele que pretende uma tutela efetiva de direitos.

Isso implica, além de reflexos na esfera individual — como, por exemplo, a redução da capacidade laborativa, as aposentadorias precoces e o acometimento de doenças ocupacionais permanentes[171] —, influências na coletividade como um todo, já que o seguro social certamente será acionado, aumentando, assim, o propalado déficit da Previdência Social.

Especialmente no âmbito das relações empregatícias, a prestação da jurisdição por meio de tutelas repressivas, normalmente apresentadas sob a provocação individual do trabalhador lesado, implica a delimitação do alcance prático da decisão às partes do litígio, não alcançando terceiros que tenham os contratos de trabalho até então vigentes.

Essa circunstância revela que, diante de restrições processuais, como os limites subjetivos da coisa julgada material[172], a tutela repressiva não tem o condão de inibir a repetição do dano a outros trabalhadores, em semelhantes situações jurídicas.

Sobre a ineficiência coletiva de uma tutela repressiva contra atos danosos já consolidados, leciona Pimenta Freire[173] que:

> [...] o problema da insuficiência de uma tutela essencialmente repressiva e ressarcitória no campo de direitos de dimensão coletiva muitas vezes de estatura fundamental, não patrimoniais e insuscetíveis de quantificação em termos monetários, impondo-se a adoção de novas formas mais variadas e eficazes de provimento, tais como os de caráter antecipatório, preventivo ou inibitório e de natureza mandamental.

Associam-se, ainda, aos reflexos nas ordens material e processual dos envolvidos, o fato de que a insuficiência da tutela repressiva pode também representar verdadeiro estímulo ao descumprimento de normas sociais básicas por parte dos detentores dos meios de produção, com reflexos no sistema concorrencial, implicando até mesmo a competitividade desleal de mercado com aqueles empregadores que cumprem as obrigações trabalhistas[174].

---

(171) OLIVEIRA, Sebastião Geraldo de. *Indenizações por acidente do trabalho ou doença ocupacional*. 3. ed. São Paulo: LTr, 2007. p. 31-32.

(172) ESTELLITA, Guilherme. *Da cousa julgada*. Rio de Janeiro: Livro do Vermelho, 1936. p. 195 e 201.

(173) PIMENTA, José Roberto Freire. A tutela metaindividual dos direitos trabalhistas: uma exigência constitucional. In: PIMENTA, José Roberto Freire; BARROS, Juliana Augusta Medeiros de; FERNANDES, Nadia Soraggi (Coord.). *Tutela metaindividual trabalhista*: a defesa coletiva dos direitos dos trabalhadores em juízo. São Paulo: LTr, 2009. p. 23.

(174) PIMENTA, José Roberto Freire. Tutelas de urgência no processo do trabalho: o potencial transformador das relações trabalhistas das reformas do CPC brasileiro. In: PIMENTA, José Roberto Freire; RENAULT, Luiz Otávio Linhares; VIANA, Marco Túlio; DELGADO, Maurício Godinho; BORJA, Cristina Pessoa Pereira (coords.). *Direito do trabalho*: evolução, crise, perspectivas. São Paulo: LTr, 2004. p. 199-255.

Diante da preocupação preventiva na tutela de direitos, no paradigma do Estado democrático de Direito, instrumentos processuais positivados no ordenamento jurídico pátrio devem revisitados e reanalisados, sob uma ótica preventiva de direitos, e não apenas sob a perspectiva repressiva, como no modelo liberal clássico.

Assim, técnicas processuais como a antecipação dos efeitos da tutela[175], as medidas cautelares[176], as tutelas de evidência[177], as ações cominatórias[178] e as tutelas preventivas inibitórias[179], dentre outras, vêm sendo desenvolvidas e aperfeiçoadas pelo legislador, pela doutrina e pela jurisprudência como instrumentos idôneos a assegurar a efetividade processual, a tutela efetiva do direito material e a minimização dos efeitos danosos do tempo sobre os direitos substantivos.

As três primeiras formas de tutela preventiva, de certo modo, estão relacionadas à preocupação do legislador aos efeitos nefastos da duração do processamento da demanda em relação ao direito material violado.

A tutela cautelar objetiva precipuamente assegurar, por meio da instrumentalidade acessória, a eficácia do provimento jurisdicional principal, ao passo que a tutela antecipada assegura àquela parte o resultado prático antecipado da decisão, em razão da verossimilhança da alegação, existência de abuso de direito de defesa ou se se tratar de direito incontroverso.

Já as tutelas de evidência pretendem conciliar os elementos celeridade processual com mais que a mera verossimilhança do direito alegado, ou seja, com a certeza ou quase certeza jurídica da existência do direito. Assevera Bedaque[180] que "a tutela sumária fundada na evidência somente é admitida se expressamente prevista no sistema".

O novo Código de Processo Civil, atendendo ao entendimento doutrinário anteriormente exposto, em seu artigo 311, trouxe a possibilidade de concessão de tutela de evidência, independentemente do perigo da demora da prestação jurisdicional, em situações em que esteja presente o abuso do direito de defesa, haja manifesto caráter protelatório da parte; sejam comprovadas por prova documental e houver tese firmada em julgamento de casos repetitivos ou em súmula vinculante; se tratar de pedido reipersecutório fundado em

---

(175) BEDAQUE, José Roberto dos Santos. *Tutela cautelar e tutela antecipada*: tutelas sumárias e de urgência (tentativa de sistematização). 5. ed. rev. e ampl. São Paulo: Malheiros, 2009. p. 28.
(176) WATANABE, Kazuo. *Da cognição no processo civil*. 2. ed. São Paulo: Cebepej, 1999. p. 135.
(177) BEDAQUE, José Roberto dos Santos. *Op. cit.*, p. 363.
(178) MARINONI, Luiz Guilherme. *Tutela inibitória*: individual e coletiva. 5. ed. rev. São Paulo: Revista dos Tribunais, 2012. p. 44.
(179) SPADONI. Joaquim Felipe. *Ação inibitória*: a ação preventiva prevista no art. 461 do CPC. 2. ed. rev. e atual. São Paulo: Revista dos Tribunais, 2007. p. 27.
(180) BEDAQUE, José Roberto dos Santos. *Op. cit.*, p. 364.

prova documental adequada do contrato de depósito; ou a petição inicial for instruída com prova documental suficiente dos fatos constitutivos do direito do autor, a que o réu não oponha prova capaz de gerar dúvida razoável.

De toda a sorte, diante da delimitação do escopo do trabalho, será feito o aprofundamento da tutela inibitória, sem prejuízo de eventual realização de referências às demais técnicas preventivas de lesões a direitos quando necessárias ao desenvolvimento do trabalho.

A tutela inibitória é concebida como espécie de tutela preventiva de direitos materiais[181], cuja possibilidade de apreciação judicial recebe fundamento de validade no princípio da inafastabilidade do controle jurisdicional, positivado no artigo 5º, XXXV da CRFB[182], em que não apenas as lesões, mas também as ameaças a direitos podem ser levadas ao conhecimento e à apreciação do Poder Judiciário.

A natureza fundamental do princípio da inafastabilidade do controle jurisdicional implica o reconhecimento de um novo papel do Estado, que deve se preocupar não apenas com a restituição ao *status quo* de lesões já consolidadas, mas, sobretudo, para evitar a ocorrência de ilícitos.

Resta então superada, no atual paradigma do Estado democrático de Direito, a visão do modelo liberal de que a atividade preventiva de direitos realizada pelo Poder Judiciário é também violadora de outro princípio de igual envergadura fundamental: o da liberdade individual e empresarial.

A preocupação com a liberdade, em seus diversos matizes, especialmente as de iniciativa e de organização produtiva no âmbito laboral, não pode servir de escudo para a atuação judicial preventiva, até mesmo porque o princípio constitucional da legalidade, previsto no mesmo artigo 5º da CRFB, que também serve como balizador da esfera de atuação empresarial, impõe o cumprimento dos ditames legais em sentido amplo.

Se não bastasse, ao se conceber o acesso à justiça em uma perspectiva preventiva[183], assegura-se, em se tratando de direitos com expressão metaindividual, a proteção reflexa não apenas daqueles que manejam individualmente suas demandas, podendo incluir terceiros. Essa perspectiva será analisada especificamente no capítulo sobre os fundamentos para a concessão de uma tutela inibitória de ofício.

---

(181) SUÁREZ, Christian Delgado. O panorama atual e a problemática procedimental em torno da tutela inibitória. *Revista de Processo*, São Paulo, ano 38, n. 226. p. 283-321, dez. 2013.
(182) MARINONI, Luiz Guilherme. *Tutela inibitória*: individual e coletiva. 5. ed. rev. São Paulo: Revista dos Tribunais, 2012. p. 35.
(183) CAPPELLETTI, Mauro; GARTH Bryant. *Acesso à justiça*. Tradução de Ellen Gracie Northfleet. Porto Alegre: Sérgio Antônio Fabris Editor, 1988. p. 68.

A partir da apresentação do fundamento constitucional para uma tutela preventiva inibitória, passa-se a analisar também os fundamentos infraconstitucionais apontados pela doutrina para a atividade de prevenções de lesões e atos ilícitos.

Aponta Aldo Frignani[184] como fundamento da tutela preventiva inibitória a própria tutela cautelar, positivada no texto do artigo 700 do código de processo civil italiano.

Sustenta o autor italiano que tanto na tutela cautelar quanto na tutela inibitória traz em si intrinsecamente embutida a noção de uma tutela preventiva contra atos ilícitos, decorrente do princípio geral de prevenção. A adoção da tutela preventiva inibitória estaria fundada no próprio poder geral de cautela concedido pelo legislador ordinário.

Esse posicionamento sofre críticas na própria doutrina italiana, como se observa nas considerações apresentadas por Cristina Rapisarda[185] em monografia específica sobre o tema e comentadas por Spadoni[186].

A principal delas, que se revela bastante importante, diz respeito ao fato de que, ao se conceber esse fundamento, estaria por via oblíqua desnaturando o próprio provimento cautelar, que é marcado pela instrumentalidade e pela não satisfatividade, ao contrário do provimento inibitório que é essencialmente satisfativo.

Essa mesma crítica é apresentada quando se pensa na tutela antecipada como espécie de tutela cautelar[187]. Ambas as formas de tutela têm natureza preventiva, embora apenas na primeira o caráter satisfativo se manifeste.

Embora o posicionamento de Aldo Frignani seja criticado, ele não deve ser totalmente abandonado, já que a perspectiva geral de prevenção serve como fundamento processual para a adoção de tutelas inibitórias de ofício, como será tratado e aprofundado em capítulo específico.

No caso do Brasil, especificamente, essa discussão sobre o fundamento infraconstitucional da tutela inibitória se revela de certo modo estéril, já que o ordenamento jurídico pátrio contempla nos artigos 461 do CPC de 1973, 497, e 536 do novo CPC e 84 do CDC os fundamentos e mecanismos para a tutela inibitória, a partir das tutelas de obrigações de fazer e de não fazer.

---

(184) FRIGNANI, Aldo. L'injunction nella common law e l'inibitoria nel diritto italiano. Milão: Giuffrè, 1974. p. 457.
(185) RAPISARDA, Cristina. Profili della tutela civile inibitoria. Padova: CEDAM, 1987. p. 113.
(186) SPADONI. Joaquim Felipe. Ação inibitória: a ação preventiva prevista no art. 461 do CPC. 2. ed. rev. e atual. São Paulo: Revista dos Tribunais, 2007. p. 38.
(187) SILVA, Ovídio Baptista da. Do processo cautelar. 3. ed. 2. Tiragem. Rio de Janeiro: Forense, 2001. p. 32.

A tutela inibitória tem por escopo conformar o comportamento e a atuação do indivíduo, de modo a evitar a existência de um ilícito. Diante do escopo de adequação comportamental, tendente a exigir o cumprimento de deveres jurídicos ou de obrigações de ordens legal, convencional ou contratual, tem-se que a imposição de obrigações de fazer e não fazer constituem os meios mais adequados para a concepção de uma tutela preventiva.

Assim, estão assentados nos artigos 461 do CPC de 1973, 497, parágrafo único do novo CPC e 84 do CDC, os fundamentos processuais para uma tutela preventiva inibitória. Segundo Arenhart[188], essa modalidade de tutela demanda a adoção de procedimento célere, por meio da técnica da sentença mandamental, e com a possibilidade de adoção de medidas satisfativas de forma antecipada ao contraditório, diante do risco da ocorrência do dano ou da própria evidência do ilícito.

Diante dessas exigências e finalidades da tutela inibitória, o diploma processual civil, no artigo 461 do CPC de 1973 e 536 do novo CPC, para as tutelas preventivas individuais, e o CDC, no artigo 84 para a tutela preventiva coletiva de direitos, contemplam o instrumental necessário para a tutela mandamental inibitória.

Diante do fundamento constitucional de validade, positivado no artigo 5º, XXXV, da CRFB, que alicerça a noção de acesso à justiça preventiva, e infraconstitucionais previstos nos artigos 461 do CPC de 1973, 497, parágrafo único do novo CPC e 84 do CDC, necessária se faz a verificação dos pressupostos para a concessão da tutela inibitória, que serão analisados no próximo tópico.

### 3.4. OS PRESSUPOSTOS PARA UMA TUTELA INIBITÓRIA PREVENTIVA

O primeiro questionamento que se apresenta, acerca da possibilidade de utilização da técnica processual prevista nos artigos 461 do CPC, 497, parágrafo único do novo CPC e 84 do CDC para a tutela preventiva de direitos, diz respeito ao fato de já existirem lesões ou danos consolidados pela prática de ato ilícito.

Trilhando conclusões semelhantes àquelas apresentadas por Arenhart[189], há que se conceber a tutela inibitória de forma independente ao elemento dano, já que essa forma de tutela objetiva tanto prevenir um

---

(188) ARENHART, Sérgio Cruz. *Perfis da tutela inibitória coletiva*. São Paulo: Revista dos Tribunais, 2003. p. 219-220.

(189) *Ibidem*, p. 226-227.

ilícito ainda não ocorrido quanto evitar a sua reincidência, por meio das denominadas tutelas inibitórias primária e secundária, respectivamente.

Essa peculiaridade da tutela inibitória merece consideração não apenas por questões acadêmicas, mas, sobretudo, em razão de consequências na esfera prática, notadamente na seara processual.

Ao se conceber a possibilidade de concessão de tutela inibitória, independentemente da existência de dano, basta apenas à parte da demanda narrar a possibilidade de lesão a direito, em razão de conduta omissiva ou comissiva do devedor da obrigação, para que possa ser obtida a proteção judicial do interesse.

A prova da existência de dano, portanto, é irrelevante para fins de concessão ou não da tutela inibitória, bastando apenas para a sua concessão a prova da conduta ilícita do agente capaz de gerar apenas a potencialidade de lesão ao direito material[190].

O mesmo raciocínio é aplicado quanto à verificação e à comprovação do elemento culpa ou dolo do agente. A tutela inibitória, por possuir característica intrínseca de prevenção do ilícito, dispensa para a sua concessão a prova desses elementos subjetivos do agente, até mesmo porque o dano sequer pode ter ocorrido no momento da propositura da demanda[191].

Esses aspectos, quais sejam a desnecessidade da ocorrência do dano e da prova de culpa ou dolo do agente, revelam-se importantes e se coadunam com o próprio escopo fundamental da tutela inibitória, que é o de evitar danos futuros, conforme lições de Marinoni[192], já lançadas antes mesmo do advento do novo Código de Processo Civil:

> A tutela inibitória é uma tutela específica, pois objetiva conservar a integridade do direito, assumindo importância não apenas porque alguns direitos não podem ser reparados e outros não podem ser adequadamente tutelados através da técnica ressarcitória, mas também porque é melhor prevenir do que ressarcir, o que equivale a dizer que no confronto entre a tutela preventiva e a tutela ressarcitória deve-se dar preferência à primeira.

---

(190) O novo CPC, em seu artigo 497, parágrafo único, dispensou a necessidade de dano para a concessão da tutela inibitória: Art. 497 (*omissis*). Parágrafo único. Para a concessão da tutela específica destinada a inibir a prática, a reiteração ou a continuação de um ilícito, é irrelevante a demonstração da ocorrência de dano ou da existência de culpa ou dolo.

(191) Nesse mesmo sentido, vide RAPISARDA, Cristina. *Profili della tutela civile inibitoria*. Padova: CEDAM, 1987. p. 89. No novo CPC, o legislador expressamente no artigo 497, parágrafo único deixou expresso a desnecessidade de existência do dano ou mesmo de culpa ou dolo.

(192) MARINONI, Luiz Guilherme. *Tutela inibitória*: individual e coletiva. 5. ed. rev. São Paulo: Revista dos Tribunais, 2012. p. 33.

Além disso, como já referido anteriormente, a tutela inibitória também pode revelar a eficácia preventiva nas situações em que já tenha ocorrido o dano ou lesão ao bem jurídico.

As situações envolvendo obrigações de trato sucessivo ou mesmo deveres jurídicos[193], como são aquelas vividas durante a relação de emprego, são bastante férteis a ensejar a utilização da técnica da tutela inibitória secundária, pois o dano pode vir a se repetir no futuro em relação àquele empregado, individualmente considerado, quanto à coletividade.

Outra questão que se coloca também em relação aos pressupostos da tutela inibitória diz respeito à necessidade de prova da existência de conduta ilícita do agente para o manejo dessa técnica de tutela preventiva.

A essência da tutela inibitória é manifestamente preventiva, donde se conclui que o principal objetivo em seu manejo é evitar a lesão de determinado bem jurídico. Nesse aspecto, como bem acentua Arenhart[194], embora não se exija a existência de um dano consolidado, é necessário que a parte demonstre, ainda que por indícios[195], a ameaça de lesão a um bem jurídico, por descumprimento de um texto de norma contratual, legal ou mesmo convencional, de forma a obter a resposta jurisdicional.

Nessa mesma linha, precisos são os ensinamentos de Spadoni[196]:

> Esta seriedade da ameaça, a justificar o provimento inibitório, deve ser revelada com a demonstração de que o réu tenha realizado ou está realizando atos que indicam, de forma razoável, uma futura violação do direito do autor, sejam esses atos preparatórios, sejam atos anteriormente praticados, e cuja probabilidade de continuação ou repetição é evidenciável.

Novamente, tais fundamentos transcendem a importância meramente acadêmica do ponto colocado, e assumem relevância no campo do direito processual. A simples comprovação, por meio de elementos indiciários, de uma ameaça de lesão a direito pela parte deve ser suficiente para o órgão julgador conceder a tutela inibitória, pois o que se tem em mente com a concessão da tutela inibitória é a prevenção de um dano ao bem jurídico.

---

(193) TALAMINI, Eduardo. *Tutela relativa aos deveres de fazer e de não fazer*. São Paulo: Revista dos Tribunais, 2001. p. 127.

(194) ARENHART, Sérgio Cruz. *Perfis da tutela inibitória coletiva*. São Paulo: Revista dos Tribunais, 2003. p. 230.

(195) Os indícios representam, nas lições de TEIXEIRA FILHO, Manoel Antônio. *A prova no processo do trabalho*. 8. ed. rev. e ampl. São Paulo: LTr, 2003. p. 427, "as circunstâncias conhecidas que autorizam, por um processo indutivo, a concluir-se a existência de outras circunstâncias".

(196) SPADONI. Joaquim Felipe. *Ação inibitória*: a ação preventiva prevista no art. 461 do CPC. 2. ed. rev. e atual. São Paulo: Revista dos Tribunais, 2007. p. 51.

Não se pode exigir da parte a prova robusta da conduta ilícita, até mesmo porque as obrigações e os deveres jurídicos subjacentes devem ser adimplidos espontaneamente por aqueles que têm o dever legal, contratual ou convencional de observar.

Além disso, esperar da parte a produção de prova firme da conduta ilícita pode provocar, em razão da dificuldade na produção, inclusive em relação ao tempo despendido para tanto, a ocorrência do dano que se quer evitar com a medida preventiva.

Com maior razão, se restar evidenciada a lesão ao direito, inclusive na situação de ser incontroversa a prática do ilícito, por reconhecimento do agente causador, ou se fundado em prova documental irrefutável, por exemplo, não há por que se impedir a concessão de tutela inibitória em razão da evidência, de forma definitiva ou até mesmo em sede de antecipação dos efeitos da tutela.

A tutela inibitória é uma tutela diferenciada[197] de proteção de direitos, seja em razão da possibilidade de antecipação dos seus efeitos, pela urgência ou pela evidência, bem como pela plasticidade dos meios colocados à disposição do julgador para estimular o cumprimento da tutela mandamental imposta no título judicial, como multas, interdições, dentre outros meios coercitivos, que inclusive podem ser impostos independentemente de requerimento da parte, consoante autorizações previstas nos parágrafos terceiro, quarto e quinto dos artigos 461 do CPC de 1973, 536 do novo CPC e 84 do CDC.

Além desses pontos, merece destaque o objeto em si da tutela inibitória. Foram apresentados os fundamentos e as bases constitucional e infraconstitucional para a tutela inibitória. Especificamente na esfera infraconstitucional, coligiram-se os artigos 461 do CPC de 1973, 497, parágrafo único do novo CPC e 84 do CDC com bases para a admissão de uma tutela preventiva individual e coletiva, respectivamente.

Fixadas as bases legais para o reconhecimento da tutela preventiva inibitória, é possível extrair as formas de sua manifestação pelo órgão judicial. Não resta a menor dúvida de que a tutela inibitória tanto pode ser concedida mediante imposição no comando sentencial de deveres de fazer e quanto de não fazer[198], já que os próprios dispositivos infraconstitucionais mencionados fazem referência expressa a tais espécies obrigacionais.

E nem poderia ser diferente. Ao se conceber a atividade preventiva judicial, tem-se em mira evitar a ocorrência, repetição ou mesmo a continuidade de

---

(197) ARMELIN, Donaldo. Tutela jurisdicional diferenciada. *Revista de Processo*, São Paulo, ano 17, n. 65. p. 45-55, jan./mar. 1992.

(198) Nesse mesmo sentido, MARINONI, Luiz Guilherme. *Tutela inibitória*: individual e coletiva. 5. ed. rev. São Paulo: Revista dos Tribunais, 2012. p. 106.

um ato ilícito. Esse ato pode ser oriundo de condutas tanto comissivas ou quanto omissivas por parte do agente.

Assim, para impor a inibição e, consequentemente, a prevenção de um ilícito, pode-se valer o órgão judicial da imposição de um fazer, quando a atitude omissiva do agente implicar a potencialidade de dano, ou de um dever de abstenção ou de tolerância, quando a atitude ativa ou o fazer do agente apresentarem risco de criar dano a um bem ou interesse jurídico.

Uma observação que se faz necessária é que nem sempre a cominação judicial de um fazer ou não fazer fundamentada nos artigos 461 do CPC de 1973, 497, parágrafo único do novo CPC e 84 do CDC, implica a tutela inibitória[199], já que é possível impor tais deveres quando já houver sido consumado o dano.

Serve como ilustração de tal hipótese a situação envolvendo a construção de uma janela por uma construtora, sem a observância da distância mínima legal do imóvel confrontante, prevista no artigo 1.301 do CC. Inexiste ilícito a ser prevenido. O ato ilícito foi consumado com a construção para abertura da janela, o que não impede a obtenção de ordem judicial para que o réu feche a abertura de ventilação, mediante a imposição de obrigação de fazer.

No âmbito do direito do trabalho, serve também como situação ilustrativa o fato de o empregador ser compelido a reintegrar, ou seja, cumprir obrigação de fazer, quando efetuar a dispensa sem justo motivo de trabalhador portador de doença ocupacional, ao qual é assegurada a garantia de emprego.

Em ambas as situações apresentadas, são verificadas as possibilidades de um provimento jurisdicional que imponha ao réu o cumprimento de obrigações de fazer, com fundamento processual nos artigos 461 do CPC de 1973 e 497, parágrafo único do novo CPC, sem que com isso se fale em tutela inibitória.

Portanto, tutela preventiva de inibição não se confunde de forma necessária com imposições de obrigações ou deveres de fazer e não fazer, embora sejam estas formas as mais relevantes no intento de imprimir eficácia mandamental ao provimento jurisdicional inibitório.

No novo Código de Processo Civil aprovado, essa preocupação apresentada durante a vigência do CPC de 1973 de certa forma perde a importância já que, expressamente no parágrafo único do artigo 497, o legislador ordinário trata de forma específica a tutela inibitória, como espécie do gênero de tutela, que se efetiva mediante o cumprimento de obrigações de fazer ou não fazer.

---

(199) MARINONI, Luiz Guilherme. *Tutela inibitória*: individual e coletiva. 5. ed. rev. São Paulo: Revista dos Tribunais, 2012. p. 105.

# 4. A DEMANDA E A TUTELA JURISDICIONAL À LUZ DA EFETIVIDADE PROCESSUAL

## 4.1. OS ELEMENTOS DE IDENTIFICAÇÃO DA DEMANDA NAS PERSPECTIVAS DA PREVENÇÃO E DA EFETIVIDADE PROCESSUAL

### 4.1.1. A relevância da identificação dos elementos da demanda

A precisa identificação da demanda a partir dos seus elementos componentes e de suas extensões apresenta relevância ao estudo jurídico, que extrapolam os limites do academicismo, implicando consequências na atuação prática do direito.

A demanda judicial, como apontada no capítulo anterior, é o ato concreto pelo qual se vale a parte para levar ao conhecimento do Poder Judiciário, inicialmente inerte, uma crise de direito, que pode se manifestar por meio de crises de certeza, de situação jurídica ou de adimplemento.

A apresentação da demanda representa, portanto, o pontapé inicial para atuação do órgão jurisdicional, que culminará em uma resposta estatal definitiva ou terminativa do feito.

A inércia da jurisdição, que é uma garantia positivada pelo legislador ordinário[200], representa uma das inúmeras manifestações processuais do princípio fundamental da liberdade, desde os primórdios do Estado liberal.

Ao ser concebida a necessidade de provocação para a atuação jurisdicional, resta resguardada a liberdade individual da parte de impulsionar a atuação jurisdicional quando se pretender utilizar do processo para obter um resultado que seja favorável, no intento de solucionar uma crise de direito material.

---

(200) BEDAQUE, José Roberto dos Santos. Os elementos objetivos da demanda examinados à luz do contraditório. In: CRUZ E TUCCI, José Rogério; BEDAQUE, José Roberto dos Santos (coords.). *Causa de pedir e pedido no processo civil*: questões polêmicas. São Paulo: Revista dos Tribunais, 2002. p. 13-52.

Diante dessas considerações, especialmente focadas na característica da inércia da jurisdição, já se consegue extrair que entre a demanda e a resposta estatal, esta última consubstanciada no provimento jurisdicional, há uma relação necessária de causa e consequência.

Além disso, outra implicação decorrente da inércia reside no fato de que, como a atuação do Estado-Juiz prescinde da provocação da parte interessada, a atuação de ofício pelo órgão jurisdicional é tomada como medida de caráter excepcional[201], em razão do princípio da demanda[202].

Nesse aspecto, o primeiro ponto que merece ser ressaltado diz respeito ao fato de que a resposta judicial deve estar vinculada diretamente à demanda apresentada pela parte. Essa correlação entre o provimento jurisdicional e a demanda consubstancia-se no chamado princípio da correlação ou da adstringência, positivados nos artigos 128 e 460 do CPC de 1973, bem como no artigo 492 do novo CPC.

O princípio da correlação, também denominado princípio da adstringência, implica a necessidade de observância pelo órgão julgador, no momento da emanação das decisões, tanto das razões fáticas e jurídicas trazidas pelas partes que embasam as pretensões quanto dos pedidos propriamente ditos.

Não se quer com isso dizer que o magistrado não possa conhecer do pedido formulado pela parte por enquadramento jurídico diverso daquele dado quando da apresentação da demanda, já que a vinculação à qual se fez referência diz respeito apenas ao fundamento jurídico trazido pela parte, e não ao texto normativo aplicável à situação concreta[203], cuja concretização pertence ao órgão judicante.

Da mesma forma, nada impede ao órgão jurisdicional conhecer de questões de ordem pública. No entanto, a sistemática trazida pelo novo CPC, ao contrário do diploma processual de 1973 que autorizava o órgão

---

(201) O CPC de 1973 prevê em diversas situações a possibilidade de atuação de ofício do Juiz, como na abertura do inventário (artigo 989), na fixação de *astreintes* como instrumento coercitivo de cumprimento de obrigações de fazer e de não fazer (artigo 461, parágrafo quinto), no poder geral de cautelar previsto no artigo 798, dentre outras tantas. No novo CPC, o legislador manteve a autorização para a atuação de ofício do Juiz nos casos de fixação de *astreintes* para o cumprimento de obrigações de fazer e não fazer, conforme dicção do artigo 537, §1º. No processo do trabalho, merece destaque a possibilidade de o juiz iniciar de ofício a fase de execução, consoante autorização prevista no artigo 878 da CLT.

(202) Sobre o princípio da demanda, vide: ARENHART, Sérgio Cruz. *A tutela coletiva de interesses individuais*: para além da proteção dos interesses individuais homogêneos. São Paulo: Revista dos Tribunais, 2013. p. 165, no qual o autor paranaense realiza a diferenciação com o princípio dispositivo, de modo a compreender o primeiro associado ao objeto do processo, o que inclui a necessidade de iniciativa da atuação da parte para provocar a atuação jurisdicional. Já o princípio dispositivo, segundo o referido autor, "[...] está relacionado de forma específica à tratativa processual da demanda", ou seja, a forma pela qual o processo é conduzido e impulsionado.

(203) OLIVEIRA, Bruno Silveira de. *Conexidade e efetividade processual*. São Paulo: Revista dos Tribunais, 2007. p. 40.

judicante a conhecer *ex-officio*, e de modo independente da manifestação das partes da demanda, alterou substancialmente essa possibilidade, ao preceituar no artigo 10 a exigência de oitiva prévia das partes para oportunizar manifestação[204] antes da decisão.

A observância do princípio da correlação atinge de forma indistinta os fundamentos trazidos ao conhecimento do Juízo pelas partes, alcançando tanto os argumentos lançados pela parte autora, para sustentar o direito material que alega fazer jus, quanto à parte ré, no que tange aos elementos jurídicos de resistência à pretensão autoral, na sua extensão e profundidade.

O que se pretende com o princípio da adstringência é assegurar às partes a observância dos fundamentos fáticos e jurídicos por elas trazidos ao conhecimento do órgão julgador, evitando assim o julgamento do feito a partir de elementos estranhos àqueles discutidos nos autos.

O princípio da adstringência assegura às partes de forma indistinta a observância da garantia fundamental do contraditório e da ampla defesa, como ressaltado por Arenhart[205], já que "esta garantia deve ser vista como a oportunidade de participação efetiva na formação da decisão judicial de todos os envolvidos".

Resta então assegurada, a partir da observância do exercício da garantia constitucional do contraditório e da ampla defesa[206], a esperada segurança jurídica nas relações jurídicas processuais, já que as partes não podem ser surpreendidas na decisão proferida com fundamentos jurídicos distintos daqueles trazidos nos autos.

A segurança jurídica, concebida como pilar das liberdades individuais, é um valor construído e almejado desde o nascimento do Estado liberal. Nesse ponto, ao se assegurar às partes a garantia de que a decisão alcançará apenas as partes da demanda e a de que o magistrado deverá se ater apenas ao que foi formulado como pedido das partes, incluindo as razões que fundamentaram as pretensões, privilegia-se a estabilidade das relações processuais em detrimento de outros valores como a efetividade da prestação jurisdicional, tomada na perspectiva da realização plena do direito material subjacente.

---

(204) Art. 10. O juiz não pode decidir, em grau algum de jurisdição, com base em fundamento a respeito do qual não se tenha dado às partes oportunidade de se manifestar, ainda que se trate de matéria sobre a qual deva decidir de ofício.
(205) ARENHART, Sérgio Cruz. *Perfis da tutela inibitória coletiva*. São Paulo: Revista dos Tribunais, 2003. p. 170.
(206) WAMBIER, Teresa Arruda Alvim. *Nulidades do processo e da sentença*. 4. ed. rev., atual. e ampl. São Paulo: Revista dos Tribunais, 1997. p. 237.

Associado a esse relevante aspecto, que tem por finalidade última evitar julgamentos *citra petita*, *extra petita* e *ultra petita*, a identificação da demanda a partir dos seus elementos de identificação possui outras inúmeras implicações práticas na seara processual, como se observa em matérias como a competência material e formal, conexão, continência, litispendência, coisa julgada, dentre outras tantas.

A relação entre o provimento jurisdicional e a demanda individualmente proposta será analisada neste estudo. A demanda, que tem o condão de retirar o Poder Judiciário da inércia, é singularizada pelos elementos de naturezas subjetiva e objetiva que a constitui, e que serão analisados nos dois próximos subtópicos.

### 4.1.2. Os elementos subjetivos da demanda: as partes

O elemento subjetivo é representado pelas partes, ou seja, por aquele que apresenta a pretensão e por aquela em face de quem é deduzida a demanda. A noção de parte pode ser concebida em diversos sentidos, desde uma acepção ampla que contempla todos aqueles, que não o juiz e seus auxiliares, capazes de sofrer os efeitos do provimento jurisdicional, até a mais estrita, abarcando apenas o titular e o devedor da relação de direito material subjacente afirmada no processo[207].

A correta identificação das partes da demanda delimita o contorno subjetivo da tutela jurisdicional que se pretende. É construída a regra, então, de que a parte autora, ao indicar na petição inicial em face de quem pretende litigar, delimita o alcance, em caso de julgamento de procedência, daquele que potencialmente pode sofrer os efeitos da decisão.

Da mesma forma, ao se colocar como titular do polo ativo da relação processual, é feita a indicação daquele que poderá vir a ser beneficiado com a decisão de mérito, caso acolhida a pretensão deduzida.

Essa observação se faz oportuna no presente momento, já que foi tomado como opção do legislador ordinário o fato que o provimento jurisdicional alcança, como regra, apenas as partes da demanda, não alcançando ou beneficiando terceiros[208].

Um destaque que merece ser realizado a essa ideia, reside no fato de que, em determinadas situações expressamente definidas em lei, aquele

---

(207) COMOGLIO, Luigi Paolo; FERRI, Corrado; TARUFFO, Michele. *Lezioni sul processo civile*. 5. ed. Bolonha: Il Mulino, 1995. v. I, p. 323.

(208) Nesse sentido, o CPC de 1973 em seu artigo 472, *verbis*: "A sentença faz coisa julgada às partes entre as quais é dada, não beneficiando, nem prejudicando terceiros. Nas causas relativas ao estado de pessoas, se houverem sido citados no processo, em litisconsórcio necessário, todos os interessados, a sentença produz coisa julgada em relação a terceiros". No novo CPC, tal dispositivo é de certo modo reproduzido no artigo 506, *verbis*: "A sentença faz coisa julgada às partes entre as quais é dada, não prejudicando terceiros".

que se apresenta como parte formal[209] do processo pode não coincidir de forma necessária com o titular do direito material afirmado, como se observa, por exemplo, nas situações de substituição processual[210] realizada pelos sindicatos, na defesa dos interesses de sua categoria profissional ou econômica.

Os sindicatos e as associações, ao atuarem em substituição processual representando os interesses dos membros de sua categoria, assumem a feição de parte apenas no aspecto formal, já que o titular do direito material continua sendo os empregados, empregadores e associados substituídos.

No caso das demandas de natureza coletiva, a questão envolvendo o alcance subjetivo dos provimentos jurisdicionais é expressamente definida e regulamentada no artigo 16 da LACP, bem como nos artigos 103 e 104 do CDC, conforme os interesses envolvidos tenham natureza jurídica difusa, coletiva em sentido estrito ou individual homogênea, e também em conformidade com o resultado do processo[211]. Diante do escopo do trabalho anteriormente mencionado, relacionado à identificação das demandas de individuais, será limitado apenas à análise esse viés.

Vê-se que a regra geral é a de que, nas demandas individuais, o provimento jurisdicional alcança apenas as partes. Alerta, todavia, com propriedade Arenhart[212], que, em determinadas situações, como, por exemplo, nas sentenças de natureza constitutiva, derivada de uma crise de situação jurídica, são gerados efeitos *erga omnes*, implicando a exceção à regra geral do alcance do comando sentencial, já que:

> [...] as alterações produzidas na realidade jurídica por esta modalidade de provimento judicial são sentidas por todos, independentemente do fato de estarem ou não posicionados como parte no processo do qual a relação se origina. [...]. Tudo isso mostra que os efeitos daquela decisão não se limitam apenas às partes, mas abrangem, indistintamente, todos que se relacionem ou possam relacionar-se com elas.

Determinadas pretensões deduzidas podem, portanto, em razão de sua natureza jurídica, gerar repercussões em relação a interesses de terceiros

---

(209) CARNELUTTI, Francesco. *Instituições do processo civil*. Tradução de Adrián Sotero de Witt Batista. Campinas: Servanda, 1999. v. I, p. 221.

(210) Conforme o artigo 6º do CPC de 1973, *verbis*: "Ninguém poderá pleitear, em nome próprio, direito alheio, salvo quando autorizado por lei". O referido artigo é reproduzido no novo CPC, com adaptação da redação, conforme dicção do art. 18, *verbis*: "Ninguém poderá pleitear direito alheio em nome próprio, salvo quando autorizado pelo ordenamento jurídico".

(211) LEITE, Carlos Henrique Bezerra. *Ação civil pública na perspectiva dos direitos humanos*. 2. ed. São Paulo: LTr, 2008. p. 172-173.

(212) ARENHART, Sérgio Cruz. *Perfis da tutela inibitória coletiva*. São Paulo: Revista dos Tribunais, 2003. p. 191-192.

que não são partes do processo, ou seja, a sujeitos estranhos à relação processual, em razão da própria indivisibilidade jurídica do objeto do litígio.

Outras situações são também relacionadas no cotidiano como indicativas da extensão dos efeitos práticos da decisão a terceiros, conforme se observa nos reflexos naturais das decisões, juntamente aos chamados terceiros juridicamente ou não interessados.

Os terceiros são considerados juridicamente interessados por manterem relação jurídica, conexa ou relacionada à demanda principal, ao passo que são tratados como não interessados aqueles que mantêm relações de outras ordens, que não jurídica, com uma das partes da demanda.

De um modo ou de outro haverá, a partir da resposta estatal à demanda apresentada, a produção de efeitos para os terceiros, interessados ou não[213]. O que distingue a situação jurídica desses "terceiros" diz respeito ao fato de que apenas os juridicamente interessados têm legitimidade para atuar no processo, produzindo provas, apresentando recursos, podendo, enfim, praticar atos processuais quando admitidos em Juízo[214].

Essas situações destacadas remetem-nos à reflexão de que a relação processual traz de forma ínsita a potencialidade de produzir efeitos em relação a terceiros, que não apenas às partes do processo. A natureza do bem jurídico tutelado, em razão de sua própria indivisibilidade, que pode ser física ou jurídica, pode determinar a extensão a terceiros de efeitos práticos da decisão.

Toma-se como situação ilustrativa: o fato de um empregado, com o contrato de trabalho em plena vigência, ingressa individualmente em Juízo postulando a adequação da empresa às normas de segurança e medicina do trabalho, de modo que em uma serra circular, que é por ele operada e também por vários funcionários, seja instalado um mecanismo de proteção, de modo a evitar acidentes na operação[215].

Ao ser verificado o descumprimento da norma de segurança, será determinado pelo o juiz que a empresa adote a medida de segurança pleiteada, provendo o equipamento circular da coifa protetora do disco de corte.

Certamente que a decisão proferida na demanda individual gerará efeitos para além das partes individualmente consideradas da demanda exemplificada alcançando inclusive os atuais e os futuros empregados daquela empresa que poderão a vir a operar aquele equipamento de corte.

---

(213) MARINONI, Luiz Guilherme; ARENHART, Sérgio Cruz. *Manual do processo de conhecimento.* 5. ed. rev., atual. e ampl. São Paulo: Revista dos Tribunais, 2006. p. 638.
(214) Conforme autorização prevista no artigo 119 do novo CPC.
(215) As normas de segurança referentes a atividades de operação de serras circulares estão descritas na NR-18 do MTE, especialmente nos itens 18.7.2 a 18.7.5.

Diante dessa situação ilustrativa, observa-se, desde já, que a natureza do objeto discutido na lide, ainda que individualmente, pode vir a afetar direta ou indiretamente terceiros, que não são partes da relação jurídica processual.

Como foi visto, alguns direitos e obrigações são naturalmente indivisíveis, o que implica a possibilidade de extensão dos efeitos práticos da decisão judicial a terceiros que sequer fazem parte da relação processual.

A natureza metaindividual dos interesses envolvidos pelas normas de segurança e de medicina do trabalho permite a reanálise de determinados dogmas processuais, como, exemplificativamente, aquele que veda a realização de julgamentos *ultra petita* e *extra petita*, constituídos no paradigma do Estado liberal, sob a perspectiva de assegurar as liberdades individuais.

As tutelas preventivas inibitórias concedidas, quando envolvem direitos fundamentais relativos à segurança e à medicina do trabalho, são campos férteis para se conceber a extensão dos efeitos da decisão proferida individualmente a terceiros, considerando a natureza indivisível desse bem jurídico tutelado, a preocupação com a efetividade processual e os potenciais reflexos para outros trabalhadores encontrados na mesma situação jurídica.

A extensão dos efeitos da decisão para terceiros, que sequer assumem a condição de parte nas demandas individuais, evidencia as potencialidades da tutela preventiva inibitória, ligada inclusive à noção de função social que o processo deve desempenhar.

Especificamente sobre o aspecto da função social do processo, acentua Barbosa Moreira[216] que o direito processual deve ser concebido e analisado em dupla perspectiva, no sentido de objetivar a igualdade material entre as partes da demanda e também de "assegurar, na medida necessária, a primazia dos interesses da coletividade sobre os estritamente individuais".

Ao se pensar na igualdade das partes da demanda, sob a perspectiva da efetividade processual, deve-se ir além dos instrumentos já disponibilidades pelo ordenamento jurídico para assegurar tal intento, como o benefício da gratuidade de justiça aos hipossuficientes econômicos — como uma das formas de manifestação da primeira onda renovatória do acesso à justiça[217] — o dinamismo na distribuição do ônus de prova[218], dentre outros mecanismos referidos pelo processualista fluminense em seu artigo da década de 1980[219].

---

(216) BARBOSA MOREIRA, José Carlos. A função social do processo civil moderno e o papel do juiz e das partes na direção e na instrução do processo. *Revista de Processo*, São Paulo, ano X, n. 37. p. 140-150, jan./mar. 1985.

(217) CAPPELLETTI, Mauro; GARTH Bryant. *Acesso à justiça*. Tradução de Ellen Gracie Northfleet. Porto Alegre: Sérgio Antônio Fabris Editor, 1988. p. 32.

(218) BRASIL JÚNIOR. Samuel Meira. A prova no processo coletivo. In: GAZZOLI, Maria Clara; CIANI, Mirna; CALMON, Petrônio; QUARTIERI, Rita (Coords.). *Em defesa de um novo sistema de processos coletivos*: estudos em homenagem a Ada Pellegrini Grinover. São Paulo: Saraiva, 2010. p. 577-597.

(219) BARBOSA MOREIRA, José Carlos. A função social do processo civil moderno e o papel do juiz e das partes na direção e na instrução do processo. *Revista de Processo*, São Paulo, ano X, n. 37, jan./mar. 1985. p. 141-143.

No estudo, compreende-se a igualdade acima referida de modo a abranger também terceiros, que embora não sejam partes formais da demanda individualmente proposta, possam, em razão da natureza indivisível do direito fundamental ao meio ambiente do trabalho saudável, a virem a ser beneficiados com a concessão *ex-officio* de tutela preventiva inibitória.

Além desse efeito, a partir da mesma construção extensiva é possível privilegiar também outra faceta da função social do processo, consubstanciada na primazia do interesse coletivo em detrimento do individual, como será visto no capítulo subsequente.

O que se pretende reforçar com as situações exemplificativas apresentadas diz respeito ao fato de que não se pode pensar o direito processual e seus institutos, dentro do paradigma do Estado democrático de Direito, de forma desvencilhada tanto em relação ao direito material subjacente, já que aquele não é um fim em si mesmo[220], quanto à perspectiva no campo da efetividade e da função social do processo[221].

Nesse cenário pós-positivista jurídico, centralizado na Constituição, o que se busca no processo é, além de atender o direito material, dando-lhe efetividade, munir o juiz de instrumentos capazes de permitir o ajuste das regras processuais à situação concreta[222].

### 4.1.3. Os elementos objetivos da demanda: a causa de pedir e o pedido

A análise dos elementos subjetivos da demanda permite, como visto no subtópico anterior, definir, compreender e delimitar os possíveis afetados e destinatários do provimento jurisdicional.

Quando o exame é realizado na perspectiva do conteúdo da decisão e da tutela concedida, como consequência do ato de provocação da parte que retira o órgão judicante da inércia, a análise passa a recair sobre os fundamentos apresentados para embasar a necessidade de provocação do Estado e o que se pretende como resposta do Poder Judiciário.

Nesse cenário, apresentam-se os elementos objetivos da demanda. O conteúdo objetivo da demanda diz respeito, portanto, à causa de pedir, ou seja, aos fundamentos fáticos e jurídicos que sustentam as pretensões, e ao pedido, este delineado no bem da vida e na natureza jurídica do provimento jurisdicional que se pretende do Estado.

---

(220) DINAMARCO, Cândido Rangel. *A instrumentalidade do processo*. 15. ed. São Paulo: Malheiros, 2013. p. 177.
(221) BARBOSA MOREIRA, José Carlos. *Op. cit.*, p. 140.
(222) MARINONI, Luiz Guilherme. *Teoria geral do processo*. São Paulo: Revista dos Tribunais, 2006. p. 419.

Em relação à causa de pedir, como já fora antecipado, esse elemento objetivo da demanda compreende, no aspecto da resposta estatal no processo civil, os fundamentos fáticos e jurídicos limites os quais deverão ser observados pelo juiz no momento de proferir a sentença. Representa, portanto, conforme ensina Bedaque[223], "a conexão entre o provimento jurisdicional pleiteado pelo autor e a pretensão por ele formulada".

Sobre a *causa petendi*, a doutrina processual civil apresenta duas teorias para compreender o seu conteúdo e, consequentemente, o seu alcance: a teoria da substanciação e a teoria da individuação.

A opção por uma ou outra teoria, como será visto adiante, implicará consequências práticas relevantes, que transcendem aos aspectos meramente acadêmicos. Tais repercussões se observam na análise dos limites da sentença de mérito, dos limites objetivos da coisa julgada, na verificação da existência de litispendência, dentre outros aspectos na seara processual.

A partir da teoria da individuação, consoante apresentação feita por Araken de Assis[224], concebe-se que a causa de pedir é delimitada e definida pela relação jurídica deduzida pela parte autora, a partir da qual é possível alcançar uma consequência jurídica alicerçada no direito material.

Para os sistemas processuais que adotam a teoria da individuação, ao ser apresentada a relação jurídica que as partes mantêm, é cumprida a exigência de fundamentação necessária para se deduzir pretensões em Juízo.

Nesse aspecto, pondera Carlo Carli[225] que na teoria da individuação o relato independe do detalhamento de pormenores, já que apenas a individualização da relação jurídica é suficiente para fundamentar os pedidos pretendidos.

Questões acessórias à relação jurídica, ainda que relacionadas ao modo como fora constituída, modificada ou extinta, são implicitamente deduzidas e conhecidas pela parte autora quando da apresentação da demanda, mesmo quando não explicitadas na *causa petendi*.

Por sua vez, a teoria da substanciação, adotada pelo sistema processual civil brasileiro[226], exige da parte a apresentação tanto dos fatos da vida

---

(223) BEDAQUE, José Roberto dos Santos. Os elementos objetivos da demanda examinados à luz do contraditório. In: CRUZ E TUCCI, José Rogério; BEDAQUE, José Roberto dos Santos (Coords.). *Causa de pedir e pedido no processo civil*: questões polêmicas. São Paulo: Revista dos Tribunais, 2002. p. 29.
(224) ASSIS, Araken de. *Cumulação de ações*. 2. ed. São Paulo: Revista dos Tribunais, 1995. p. 123.
(225) CARLI, Carlo. *La demanda civil*. Buenos Aires: Editorial Lex, 1973. p. 83.
(226) A referida conclusão é inferida a partir da leitura do texto da norma do artigo 282, III, do CPC de 1973, *verbis*: "Art. 282 A petição inicial indicará: [...] III — o fato e os fundamentos jurídicos do pedido". Tal entendimento restou renovado no novo CPC, conforme texto da norma do artigo 319, III, *verbis*: "Art. 319. A petição inicial indicará: [...] III — o fato e os fundamentos jurídicos do pedido".

quanto dos fatos jurídicos, ou seja, a subsunção entre os fatos em si ao direito material.

Segundo Carlo Carli[227], a teoria da substanciação:

> [...] requiere, en cambio, que la demanda contenga una narración de los hechos, más o menos detallada, según las circunstancias del litigio, sobre los cuales deberá expedirse el demandado reconosciéndolos o negándolos (art. 356, inc. I)[228].

Ao se adotar a teoria da substanciação, portanto, para a identificação do conteúdo da causa de pedir, a cada fato jurídico deduzido pela parte constitui uma nova demanda independente.

Como dito anteriormente, a adoção de uma ou de outra teoria possui repercussão prática relevante, vejamos. Ao ser adotada a teoria da substanciação, é permitido à parte autora renovar a demanda em face do réu após o trânsito em julgado da decisão, desde que apresentado um fato jurídico diverso daquele exposto anteriormente.

A título de exemplo, funciona como situação ilustrativa uma demanda apresentada pelo autor em que é postulada a rescisão contratual com base na alegação de descumprimento do prazo fixado para o adimplemento da obrigação por parte do devedor. Nada impede que, posteriormente, ao ser julgado improcedente o pedido, venha o autor novamente renovar a demanda em face do mesmo réu postulando a rescisão contratual, agora com base na alegação de que o bem entregue foi diferente daquele originalmente contratado.

Aproveitando o mesmo exemplo exposto, tem-se que, ao ser adotada a teoria da substanciação, o juiz deverá se ater no julgamento ao fato jurídico apresentado pela parte autora que embasou o pedido. Portanto, no primeiro exemplo, restará vedado ao magistrado acolher o pedido de rescisão contratual com base em fato jurídico diverso do que a mora do devedor.

O processo do trabalho, por sua vez, diante dos princípios informadores da simplicidade na prática dos atos processuais[229] e da ultrapetição[230],

---

(227) Ibid., p. 83.

(228) Em tradução livre do autor, tem-se que: "[...] requer, ao contrário, que a demanda contenha uma narração dos fatos, mais ou menos detalhada, segundo as circunstâncias do litígio, sobre os quais deverá manifestar o demandado reconhecendo-os ou negando-os (art. 356, inc. 1)".

(229) Sobre o princípio da simplicidade, que decorre de outros princípios informadores do processo do trabalho, como os princípios da instrumentalidade e da oralidade na prática dos atos processuais, vide: LEITE, Carlos Henrique Bezerra. Curso de direito processual do trabalho. 5. ed. São Paulo: LTr, 2007. p. 82.

(230) CAIRO JÚNIOR, José. Curso de direito processual do trabalho. 2. ed. rev. ampl. e atual. Salvador: Juspodium, 2009. p. 59.

possui regra processual própria que disciplina o conteúdo da reclamação trabalhista, o que impede a aplicação supletiva do CPC, diante da ausência de omissão do texto consolidado[231].

Além disso, a própria diversidade principiológica informadora do processo do trabalho, fundada no elemento protetivo, impede a aplicação da exigência contida no diploma processual civil para a causa de pedir nas demandas trabalhistas.

A CLT, no parágrafo primeiro do artigo 840, exige apenas que a parte autora apresente na causa de pedir "uma breve exposição dos fatos de que resulte o dissídio"[232], ou seja, não apresenta a legislação consolidada o mesmo rigor que o processo civil exige na identificação da causa de pedir, o que implica o reconhecimento de uma maior plasticidade em sua interpretação e no seu alcance pelo órgão julgador.

A plasticidade na *causa petendi* traz consequências importantes ao princípio da correlação ou da adstrição, dogma do processo civil no Estado liberal de Direito, visto como garantia da liberdade individual, e do próprio positivismo jurídico, nos seus aspectos interpretativos e de aplicação do direito posto.

Pelo princípio da ultrapetição, é possibilitado ao magistrado do trabalho conhecer de fatos sequer apresentados pelas partes na petição inicial e na peça contestatória por oportunidade do julgamento da demanda, sem que com isso se fale em julgamentos *extra petita* e *ultra petita*.

Apresenta-se como situação ilustrativa dessa hipótese a possibilidade da decisão de mérito, na qual se discute a nulidade da dispensa imotivada e o direito do trabalhador à reintegração no posto de trabalho, decorrente da garantia de emprego oriunda das estabilidades decenal ou em decorrência de doença adquirida no curso do contrato de trabalho.

Não obstante a parte autora tenha apresentado na causa de pedir da reclamação trabalhista fundamentos elencados pela lei como ensejadores da garantia do emprego, o que geraria o acolhimento da pretensão reintegratória, poderá o juiz durante a instrução processual verificar a existência de animosidade entre as partes ou mesmo outra situação que desaconselhe a reintegração, ou seja, elementos fáticos não trazidos na causa de pedir da petição inicial e na peça contestatória, que o autorizará converter o pedido

---

(231) O artigo 769 da CLT dispõe, *verbis*: "Art. 769 Nos casos omissos, o direito processual comum será fonte subsidiária do direito processual do trabalho, exceto naquilo em que for incompatível com as normas deste Título". O artigo 15 do novo CPC assim preceitua: "Art. 15 Na ausência de normas que regulem processos eleitorais, trabalhistas ou administrativos, as disposições deste Código lhes serão aplicadas supletiva e subsidiariamente".

(232) *CLT — LTr.* 38. ed. São Paulo: LTr, 2011.

de reintegração no pagamento de indenização substitutiva[233], sem que com isso se fale em violação ao princípio da correlação ou da adstringência.

Nesse sentido, a causa de pedir no direito processo do trabalho assume um papel dinâmico e diferenciado, quando analisada sob as perspectivas da efetividade do processo e da sua função social, que é a de pacificar os conflitos entre trabalhadores e detentores dos meios de produção.

Quando se analisa especificamente a efetividade do processo, mira-se a realização prática do direito material, com o menor dispêndio de recursos materiais e humanos possíveis. Essas considerações remetem-nos à preocupação já apresentada por Bedaque[234] de compreender o processo à luz do direito material, ou seja, preocupado com a sua efetividade, e não como um fim em si mesmo.

O rigorismo processual comum para a confecção da demanda civil é incompatível com os ditames que regem a demanda trabalhista, até mesmo pelo próprio fim protetivo das normas trabalhistas, sem se olvidar de peculiaridades da forma de atuação da parte em Juízo, na qual se autoriza até os presentes dias o *jus postulandi*[235] do próprio trabalhador, sem a representação por advogado.

Além da causa de pedir, compreende também o objeto da demanda o elemento pedido. O pedido representa a pretensão de natureza bifronte deduzida pela parte, a partir de uma crise de direito narrada na petição inicial ou na reclamação trabalhista, essa última com denominação específica no processo do trabalho.

A noção de pedido contempla, portanto, tanto a espécie da tutela ou do provimento jurisdicional objetivado, ou seja, o pedido imediato, quanto o próprio bem da vida que se requer a outorga a partir da decisão judicial, também chamado de pedido mediato.

---

(233) A possibilidade de conversão do pedido reintegratório em pedido indenizatório é prevista no artigo 496 da CLT, *verbis*: "Quando a reintegração do empregado estável for desaconselhável, dado o grau de incompatibilidade resultante do dissídio, especialmente quando for o empregador pessoa física, o Tribunal do Trabalho poderá converter aquela obrigação em indenização devida nos termos do artigo seguinte". A extensão da conversão da reintegração em pagamento de indenização substitutiva passou a ser ampliada por analogia realizada pela jurisprudência para outros tipos de estabilidade, como a decorrente de doença ocupacional ou acidente do trabalho, conforme se observa no verbete de Súmula 396, II, do TST, *ipsis litteris*: "396. Estabilidade provisória. Pedido de reintegração. Concessão do salário relativo ao período de estabilidade já exaurido. Inexistência de julgamento *extra petita*. [...]. II — Não há nulidade por julgamento *extra petita* da decisão que deferir salário quando o pedido for de reintegração, dados os termos do art. 496 da CLT".

(234) BEDAQUE, José Roberto dos Santos. *Direito e processo*: influência do direito material sobre o processo. 3. ed. rev. e ampl. São Paulo: Malheiros, 2003. p. 13.

(235) O direito de postular na Justiça do Trabalho desacompanhado de advogado é previsto no artigo 791, da CLT, *verbis*: "Os empregados e os empregadores poderão reclamar pessoalmente perante a Justiça do Trabalho e acompanhar as suas reclamações até o final".

Especificamente acerca do pedido imediato, tem-se que a sua fixação é determinada pela natureza jurídica do provimento jurisdicional que é objetivado pela parte, ou seja, a própria tutela pretendida.

Nesse sentido, o pedido imediato consubstancia-se, a partir da teoria ternária da tutela jurisdicional de cognição analisada anteriormente, em tutelas ou provimentos jurisdicionais declaratórios, constitutivos e condenatórios, conforme a natureza da crise de direito material narrada na causa de pedir for de certeza, situação jurídica ou adimplemento, respectivamente.

Por sua vez, inserida no próprio provimento jurisdicional condenatório, a tutela, como estudada no capítulo anterior deste trabalho, pode se manifestar sob dupla vertente: repressiva ou sancionatória, quando se pretende a restituição do *status quo* decorrente de lesão ou dano a bem jurídico já ocorridos, e preventiva se se objetiva evitar a própria ocorrência da lesão a um bem tutelado.

Além do pedido imediato, que indica a natureza do provimento jurisdicional, o elemento pedido é composto pelo bem da vida pretendido pela parte quando apresenta o ato de postulação em Juízo, ou seja, pelo pedido mediato. O pedido mediato é representado pelo bem jurídico, corpóreo ou imaterial, que se reclama em Juízo[236].

Definido o alcance do elemento objetivo da demanda "pedido", em seus aspectos imediatos e mediatos, a análise deve-se voltar para os reflexos da identificação do pedido no ato decisório emitido pelo órgão julgador, na perspectiva da efetividade do provimento jurisdicional.

O princípio da correlação ou da adstrição é aquele, segundo Wambier[237], que relaciona os objetos da ação e da sentença, implicando para o juiz o dever de "se pronunciar sobre tudo o que foi pedido e só sobre o que foi pedido". O princípio em referência funciona como instrumento de garantia para as partes, pois impede a atuação de ofício por parte do magistrado[238].

Tem esse princípio, por fim último, portanto, o de assegurar o pleno exercício do direito fundamental ao contraditório e da ampla defesa e, consequentemente, manter a segurança jurídica nas relações processuais.

No entanto, como todo conteúdo principiológico, ele deve ser compreendido de forma relativizada e com ponderação, principalmente se considerar a função do processo moderno, que é a de servir de instrumental

---

(236) CHIOVENDA, Giuseppe. *Instituições de direito processual civil*. 4. ed. Campinas: Bookseller, 2009. p. 434.

(237) WAMBIER, Teresa Arruda Alvim. *Nulidades do processo e da sentença*. 4. ed. rev., atual. e ampl. São Paulo: Revista dos Tribunais, 1997. p. 237.

(238) MARINONI, Luiz Guilherme. *Técnica processual e tutela de direitos*. São Paulo: Revista dos Tribunais, 2004. p. 134.

para a efetivação de direitos[239], ou seja, assegurar a máxima produção de efeitos práticos do direito material. Essa característica ganha maior relevo no âmbito do processo do trabalho, já que o direito material em que se busca a efetividade tem estatura de direito fundamental social no artigo 7º da CRFB.

Ademais, a própria peculiaridade da relação de emprego, marcada pela relação subordinada do empregado ao empregador, e pela necessidade daquele em manter o posto de trabalho de forma a garantia a sua própria subsistência e de seus dependentes econômicos, exige uma nova leitura do princípio da correlação e da própria efetividade processual.

Assevera Marcos Neves Fava[240] que a Justiça do Trabalho é marcada pela presença dos desempregados no polo ativo da demanda, já que o temor diante da possibilidade de perda do emprego, ou mesmo de retaliações no ambiente do trabalho, caso seja apresentada reclamação trabalhista durante o curso do contrato de trabalho, faz que a maior parte das demandas envolva relações de trabalho já extintas e com a dedução de objetos imediatos compreendendo os provimentos jurisdicionais repressivos ou sancionatórios.

Essa realidade, que será analisada com maior profundidade no capítulo destinado aos fundamentos materiais e processuais da tutela inibitória *ex-officio*, serve como verdadeiro estímulo aos empregadores no sentido de manter a prática de violações de direitos sociais trabalhistas.

Por esse embasamento, há a necessidade de se repensar o dogma processual civil da correlação entre objeto da demanda e o objeto da decisão judicial, de forma a garantir a própria efetividade do direito material.

Outro ponto que merece destaque, quando se realiza a análise da mitigação do princípio da correlação, diz respeito ao fato de que o próprio diploma processual civil, que tem por base servir de instrumento para relações, em regra, entre iguais em posição jurídica, contempla expressamente situações nas quais é dado ao magistrado proferir decisões que extrapolam os limites objetivos da demanda, especialmente os seus objetos imediato e mediato.

Ilustram situações relativas à possibilidade de prolação de decisões além do pedido formulado pela parte, ou de forma diversa daquela originalmente pretendida, o reconhecimento dos juros[241], da correção monetária e dos

---

(239) SARLET, Ingo Wolfgang. Segurança social, dignidade da pessoa humana e proibição de retrocesso: revisitando o problema da proteção dos direitos fundamentais sociais. In: CANOTILHO, José Joaquim Gomes; CORREIA, Marcus Orione Gonçalves; CORREIA, Érica Paula Barcha (Coords.). *Direitos fundamentais sociais*. São Paulo: Saraiva, 2010. p. 89.

(240) FAVA, Marcos Neves. *Ação civil pública trabalhista*: teoria geral. 2. ed. São Paulo: LTr, 2008. p. 85.

(241) Nesse sentido, o artigo 293 do CPC de 1973, *ipsis litteris*: "Art. 293 Os pedidos são interpretados restritivamente, compreendendo-se, entretanto, no principal os juros legais". O novo CPC reproduziu o entendimento já consolidado desde 1973, conforme disposição do art. 322, §1º, *verbis*: "O pedido deve ser

honorários advocatícios no pedido, ainda que não explicitamente deduzidos, a possibilidade de concessão de alimentos na ação investigatória de paternidade, em que apenas é postulado a declaração de paternidade[242], a fungibilidade entre demandas possessórias[243], dentre outras situações disciplinadas em lei.

No campo da tutela preventiva inibitória, especificamente, essa mitigação do princípio da correlação é expressa no parágrafo quinto do artigo 461 do CPC de 1973 e no artigo 536 do novo CPC[244], quando resta explicitamente autorizado ao juiz da causa determinar medidas, ainda que não requeridas, para garantir a efetividade da tutela específica.

Inobstante essa liberdade para a utilização de medidas para garantir o resultado efetivo do processo, deve ser ponderado que a sua utilização deve ser pautada em critérios razoáveis, sem que haja o cometimento de excessos decorrentes de arbitrariedade.

Todos esses exemplos reportam a existência de diversas exceções ao princípio da correlação ou da adstringência, mesmo no cenário processual civil onde resta consignada a regra geral de igualdade de situação jurídica entre as partes da demanda.

O ordenamento jurídico português, seguindo essa concepção, positivou de forma expressa no código de processo do trabalho, no artigo 74º, em razão das peculiaridades das relações de trabalho[245], como dever jurídico e não apenas como possibilidade de o magistrado julgar além do que fora pedido ou mesmo em pedido diverso daquele originalmente apresentado na demanda.

Assim dispõe o texto da norma do artigo 74º do CPTP, que autoriza a realização de julgamentos *extra petita* e *ultra petita*:

---

certo. §1º Compreendem-se no principal, os juros legais, a correção monetária e as verbas de sucumbência, inclusive os honorários advocatícios".

(242) Consoante previsão no artigo 7º da Lei n. 8.560/92.
(243) Na forma do artigo 920 do CPC de 1973 e do artigo 554 do novo CPC.
(244) O Artigo 461, § 5º do CPC de 1973 assim dispõe: "Art. 461 Na ação que tenha por objeto o cumprimento de obrigação de fazer ou não fazer, o juiz concederá a tutela específica da obrigação ou, se procedente o pedido, determinará providências que assegurem o resultado prático equivalente ao do adimplemento. (*omissis*). § 5º Para a efetivação da tutela específica ou obtenção do resultado prático equivalente, poderá o juiz, de ofício ou a requerimento, determinar as medidas necessárias, tais como a imposição de multa por atraso, busca e apreensão, remoção de pessoas e coisas, desfazimento de obras e impedimento de atividade nociva, se necessário com requisição de força policial". O artigo 536 do novo CPC assim dispõe: "No cumprimento da sentença que reconheça a exigibilidade de obrigação de fazer ou de não fazer, o juiz poderá, de ofício ou a requerimento, para a efetivação da tutela específica ou a obtenção de tutela pelo resultado prático equivalente, determinar as medidas necessárias à satisfação do exequente".
(245) GERALDES, António Santos Abrantes. *Temas da reforma do processo civil*. 2. ed. rev. e ampl. Coimbra: Almedina, 2010. v. I, p. 53.

Art. 74º Condenação *extra vel ultra petitum*. O juiz deve condenar em quantidade superior ao pedido ou em objecto diverso dele quando isso resulte da aplicação à matéria provada, ou aos factos de que possa servir-se, nos termos do artigo 514.º do Código de Processo Civil, de preceitos inderrogáveis de leis ou instrumentos de regulamentação colectiva de trabalho.

O direito português, como referido, ao conceber no texto da norma do artigo 74º do CPTP a possibilidade de julgamentos de forma para além do que fora pedido, ou mesmo fora do pedido, traz como fundamento material para a exceção ao princípio da adstrição o *status* de norma de ordem pública dos direitos trabalhistas previstos em lei e em instrumentos de negociação coletiva, sem olvidar a efetividade do processo, como argumento de natureza adjetiva.

Quando se pensa a efetividade do processo do trabalho, entendida como a plena realização de direitos fundamentais sociais, e a natureza jurídica fundamental dos direitos trabalhistas envolvidos na reclamação trabalhista, com maior razão há que se compreender de forma mitigada o princípio da adstrição ou da correlação entre o objeto da demanda e a sentença.

Conforme fora visto em passagens anteriores, a própria CLT e a jurisprudência contemplam, em razão do princípio processual da ultrapetição, situações que autorizam o juiz a proferir decisão desvencilhada ao que fora postulado, diante da própria natureza protetiva do direito que está em julgamento.

A mitigação do princípio da correlação, no que diz respeito ao objeto, deve ser analisada em uma perspectiva ampliativa, contemplando além do objeto mediato do litígio, ou seja, o bem da vida corpóreo ou incorpóreo em discussão, o próprio pedido imediato, consubstanciado no provimento jurisdicional.

Assim, entende-se ser perfeitamente possível, desde que assegurado o pleno exercício da garantia fundamental do contraditório e da ampla defesa[246], que será estudada em maiores detalhes no capítulo subsequente, e diante da magnitude constitucional do direito ao meio ambiente do trabalho saudável, o juiz do trabalho construir a norma jurídica na situação concreta, que permita a concessão de tutela inibitória de ofício, ainda que tal construção implique julgamentos *extra petita* ou *ultra petita*.

---

[246] Nesse sentido, vide: BEDAQUE, José Roberto dos Santos. Os elementos objetivos da demanda examinados à luz do contraditório. In: CRUZ E TUCCI, José Rogério; BEDAQUE, José Roberto dos Santos (coords.). *Causa de pedir e pedido no processo civil*: questões polêmicas. São Paulo: Revista dos Tribunais, 2002. p. 37.

## 4.2. A INEFETIVIDADE DA TUTELA CONDENATÓRIA REPRESSIVA DE RESSARCIMENTO EM MATÉRIA DE SEGURANÇA E MEDICINA DO TRABALHO

A noção de efetividade do direito material e do direito processual deve ser perfeitamente compreendida, de modo a entender o seu conteúdo e alcance. Antes, porém, de analisar o espectro da efetividade dos textos da norma jurídica, necessária se faz a verificação dos demais planos envolvidos, quais sejam o da existência, o da validade e o da eficácia[247].

A análise de qualquer texto legal deve partir, em um primeiro momento, pela verificação da própria existência no mundo jurídico. Diversamente dos textos de normas de direito processual do trabalho, que disciplinam o *iter procedimental* para tramitação das reclamações trabalhistas e das demais ações, no campo do direito material do trabalho, as fontes formais do direito são oriundas de diversas origens, que não apenas estatal, como o era consagrado no modelo do positivismo jurídico clássico[248].

Nesse cenário, o direito material do trabalho, em razão das próprias raízes, fruto das lutas de classe entre os trabalhadores e os detentores dos meios de produção, pode ter ou não a participação no processo de sua confecção dos destinatários das regras.

Compreendem, dessa forma, as fontes formais do direito material do trabalho dois grandes grupos: o das fontes autônomas, quando os destinatários participam do processo de sua elaboração, e o das fontes heterônomas, em que o procedimento de constituição do texto normativo é realizado de modo externo às pessoas a quem se destina[249].

As fontes formais autônomas do direito material do trabalho são representadas por costumes, regulamentos empresariais e convenções e acordos coletivos de trabalho, ao passo que as fontes heterônomas trabalhistas compreendem as leis em sentido amplo, a sentença normativa, as súmulas vinculantes, dentre outras.

Assim, ao se avaliar o plano da existência do texto de normas, qualquer que seja o seu objetivo, se disciplinar as relações de direito material ou de direito processual, tem-se em mente a aferição de sua origem.

Ressalta Barroso[250] que será considerado existente o texto normativo se este tiver origem e for decorrente de um centro de produção normativa. No

---

(247) BARROSO, Luís Roberto. *O direito constitucional e a efetividade de suas normas*: limites e possibilidades da Constituição Brasileira. 4. ed. ampl. e atual. Rio de Janeiro: Renovar, 2000. p. 80-84.

(248) DELGADO, Mauricio Godinho. *Curso de direito do trabalho*. 4. ed. São Paulo: LTr, 2005. p. 141.

(249) DELGADO, Mauricio Godinho. Op. cit., p. 143.

(250) BARROSO, Luís Roberto. *O direito constitucional e a efetividade de suas normas*: limites e possibilidades da Constituição Brasileira. 4. ed. ampl. e atual. Rio de Janeiro: Renovar, 2000. p. 82.

caso específico das normas processuais, este núcleo produtivo é o próprio Estado, por intermédio do ente federado União[251], que detém competência privativa para legislar sobre direito processual.

Ao se passar para a análise do espectro da validade do texto da norma, o que se busca é "constatar se os elementos do ato preenchem os atributos, os requisitos que a lei lhes acostou para que sejam recebidos como atos dotados de perfeição"[252].

Assim, terá validade no ordenamento jurídico o texto normativo no qual o agente do qual emanou for competente para a sua elaboração, se contiver objeto lícito e possível juridicamente e se a forma obedecida, para a sua elaboração, for aquela prescrita ou não vedada em lei.

Por seu turno, quando se perquire o texto legal a partir da perspectiva da aptidão para a produção dos efeitos jurídicos, ou seja, permitindo a plena postulação em Juízo, essa investigação ocorre na esfera da eficácia jurídica.

No que diz respeito ao direito material e ao direito processual, a análise desses três planos demonstra ser insuficiente para a compreensão da norma jurídica a ser produzida diante da situação concreta.

Acrescenta Barroso[253], em estudo específico sobre a efetividade das normas constitucionais, que os textos normativos devem ser analisados, para além dos aspectos referentes à existência, à validade e à eficácia, de modo a incluir também a perspectiva da produção dos efeitos práticos.

O plano da efetividade do texto da norma de direito material e processual representa, desse modo, nas lições do professor titular de direito constitucional da Universidade do Estado do Rio de Janeiro[254] "[...] a materialização, no mundo dos fatos, dos preceitos legais e simboliza a aproximação, tão íntima quanto possível, entre o *dever-ser* normativo e o *ser* da realidade social".

A efetividade, todavia, não deve estar restrita apenas aos textos normativos contidos na Constituição, mas também àqueles de hierarquia infraconstitucional, já que o próprio objetivo do direito é a sua realização prática.

Portanto, ao se conceber a noção de efetividade de um instituto processual, por exemplo, deve-se ter em mente a finalidade da busca incessante da realização plena do direito material subjacente, como forma de transformação da realidade social.

---

(251) O artigo 22, I, da CRFB, assim dispõe, *verbis*: "Art. 22. Compete privativamente à União legislar sobre: I — direito civil, comercial, penal, processual, eleitoral, agrário, marítimo, aeronáutico, espacial e do trabalho."
(252) BARROSO, Luís Roberto. *Op. cit., loc. cit.*
(253) BARROSO, Luís Roberto. *Op. cit.*, p. 85.
(254) BARROSO, Luís Roberto. *Op. cit.*, p. 85.

A noção de efetividade do direito processual do trabalho, a ser trabalhada por intermédio da técnica da tutela inibitória, está associada, no objeto de estudo, à realização prática do próprio direito material à proteção do meio ambiente do trabalho saudável.

Analisada na outra face da mesma moeda, tem-se também que a busca da efetividade do direito material relativo às regras de segurança e medicina do trabalho passa necessariamente pela adoção de construções processuais adequadas para a sua realização prática, quando não cumpridas espontaneamente pelo empregador.

As relações entre direito material e direito processual, nesse aspecto, apresentam, portanto, caráter de reciprocidade, ou seja, a efetividade do direito material passa pela adoção de mecanismos processuais para garantir a produção de efeitos práticos, quando não cumpridas espontaneamente pelo devedor do direito. Da mesma forma, o direito processual efetivo é aquele que permite a realização prática do direito material.

Nesse campo, tem-se que a preocupação da Constituição da República, da CLT, das normas regulamentadoras do MTE e das demais fontes formais do direito do trabalho, ao conceberem os textos normativos referentes ao direito fundamental ao meio ambiente de trabalho sadio, é assegurar a plena promoção da saúde e da segurança do ambiente do trabalho, com o objetivo de prevenção de lesões, doenças e mortes de trabalhadores.

Observa-se que quando se inicia o estudo do meio ambiente do trabalho, a primeira noção que surge é a preventiva, de modo que as lesões à saúde e à incolumidade física ou psíquica do trabalhador sejam evitadas.

Preceitua Marinoni[255] que ao se analisar a tutela preventiva inibitória, ou os mecanismos processuais postos à disposição para evitar a ocorrência do ilícito, esses instrumentos devem ser considerados também à luz do direito material, de modo a conferir-lhe maior efetividade.

Desse modo, as tutelas condenatórias sancionatórias que objetivam apenas o ressarcimento, de antemão, demonstram ser instrumentos inaptos para assegurarem a prevenção de doenças, lesões ou mesmo mortes de trabalhadores, pois pressupõem para a sua concessão a prévia existência do dano ao bem jurídico tutelado.

A função da tutela condenatória de ressarcimento, como analisada anteriormente, é a de precipuamente restaurar o *status quo* violado pela prática de ato ilícito, o que não se coaduna com a perspectiva preventiva que

---

(255) MARINONI, Luiz Guilherme. *Tutela inibitória*: individual e coletiva. 5. ed. rev. São Paulo: Revista dos Tribunais, 2012. p. 99.

se quer ter da tutela jurisdicional ao direito fundamental ao meio ambiente de trabalho saudável.

Em se tratando de direito fundamental envolvendo as relações jurídicas entre empregados e empregadores, ou seja, entre partes que ocupam no contrato de trabalho posições de desigualdade de força, a preocupação preventiva é colocada na ordem do dia.

Escassos são os casos vividos na prática forense em que no curso da relação de emprego, os trabalhadores ingressam em Juízo em face de seus empregadores postulando direitos sonegados. Tais números reduzidos são explicados pelo receio de perseguição por parte do empregador ou mesmo da perda do posto de trabalho.

Vê-se, então, nesse cenário que a tutela condenatória repressiva de ressarcimento não se revela instrumento idôneo para proteger o direito fundamental à segurança e medicina do trabalho, já que, diante do caráter repressivo, ou seja, posterior à ocorrência da lesão, atingirá apenas parte dos trabalhadores lesados, não alcançando aqueles outros trabalhadores que têm seus contratos de trabalho vigentes e os que porventura futuramente sejam contratados por aquele empregador.

Associado a esse aspecto, a ausência de alcance de efeitos preventivos nessa espécie de tutela condenatória contribui com reflexos nefastos no âmbito social.

Esses efeitos são representados pelo incremento do número de trabalhadores parcial ou totalmente incapacitados para o trabalho, o que acaba, por consequência, repercutindo no agravamento do déficit do sistema de previdência social do país, diante da necessidade de pagamento de auxílios-acidente do trabalho e de concessão de aposentadorias por invalidez precoces.

Sobre as consequências sociais, o Ministério da Previdência Social[256] apresenta os seguintes dados estatísticos para os acidentes do trabalho, apenas no ano de 2011:

> Em 2011 foram registrados 711.164 acidentes e doenças do trabalho, entre os trabalhadores assegurados da Previdência Social. Observem que este número, que já é alarmante, não inclui os trabalhadores autônomos (contribuintes individuais) e as empregadas domésticas. Estes eventos provocam enorme impacto social, econômico e sobre a saúde pública no Brasil. Entre esses registros contabilizou-se 15.083 doenças relacionadas ao trabalho, e parte destes acidentes e doenças tiveram como consequência o afastamento das atividades

---

(256) Dados estatísticos colhidos no sítio do Ministério da Previdência Social <http://www.previdencia.gov.br/estatsticas/>, conforme consulta realizada no dia 25 de março de 2014.

de 611.576 trabalhadores devido à incapacidade temporária (309.631 até 15 dias e 301.945 com tempo de afastamento superior a 15 dias), 14.811 trabalhadores por incapacidade permanente, e o óbito de 2.884 cidadãos.

Além das decorrências sociais, que tendem a se agravar diante do crescimento da atividade econômica e do incremento dos conflitos massificados, a despreocupação da tutela condenatória de ressarcimento com a finalidade preventiva implica repercussões também no próprio âmbito do Poder Judiciário.

A ausência de efeito preventivo nas tutelas de natureza condenatória ressarcitória representa fator de incremento das taxas de congestionamento do poder da República responsável pela jurisdição, uma vez que a preocupação na reparação do dano em detrimento da prevenção implica a necessidade contínua de ajuizamento de reclamações trabalhistas por aqueles trabalhadores lesados para verem seus direitos respeitados.

Tudo isso caminha na contramão principiológica da Constituição que, após a Emenda Constitucional n. 45, elevou a duração razoável do processo à categoria de direito fundamental[257]. O novo CPC traz em seu artigo 4º a preocupação do legislador com o tempo de duração do processo[258].

É quase impossível, portanto, garantir a efetividade do direito material que tutela o meio ambiente de trabalho por meio de tutela condenatória de ressarcimento.

Essa é a razão pela qual o juiz do trabalho no estágio do pós-positivismo jurídico, diante da situação concreta, deve verificar as possibilidades para construção da norma jurídica que autorize a concessão de tutela preventiva inibitória para além das partes do litígio, ainda que diante de demanda, cujo objeto é precipuamente de natureza condenatória de ressarcimento em pecúnia, de modo a assegurar a plena efetividade do direito fundamental ao meio ambiente do trabalho saudável.

---

(257) Na forma positivada no artigo 5º, LXXVIII, da CRFB.
(258) Art. 4º As partes têm o direito de obter em prazo razoável a solução integral do mérito, incluída a atividade satisfativa.

# 5. OS FUNDAMENTOS PROCESSUAIS E MATERIAIS PARA A CONCESSÃO DA TUTELA INIBITÓRIA DE OFÍCIO

A compreensão do instituto processual da tutela inibitória, especialmente a partir da análise desenvolvida nesta obra, no sentido de verificar os limites e possibilidades para a sua concessão de ofício pelo magistrado do trabalho, prescinde da busca de elementos presentes tanto no direito material quanto no direito processual, que autorizem a construção dessa norma jurídica diante da situação concreta posta a julgamento.

O direito processual, as técnicas e os institutos jurídicos disponibilizados pelo legislador ordinário somente têm razão de existir, em uma análise finalística, para assegurar às partes mecanismos para que, por intermédio da jurisdição, possam solucionar as crises de direito material, não resolvidas pela autocomposição amigável.

A razão de ser do processo é garantir instrumentos para assegurar a efetividade do direito material subjacente. Pensar o processo como um fim em si mesmo representa a própria renegação do direito material a um segundo plano de importância.

Daí por que o direito processual deve ser compreendido como verdadeiro instrumento a serviço do direito material, especialmente quando se estão em discussão direitos de envergadura constitucional, como é exemplo o direito fundamental social ao meio ambiente do trabalho saudável.

De modo a conferir efetividade a esse direito fundamental, caro ao ordenamento jurídico, e fruto de lutas sociais históricas entre trabalhadores e detentores dos meios de produção, valemo-nos dos institutos processuais de natureza preventiva, como a tutela inibitória, considerando as reais dificuldades de acesso à justiça dos trabalhadores, que sofrem violações de direitos no curso da vigência de seus contratos de trabalho.

Assim, a partir dos próximos subtópicos, passa-se à análise dos fundamentos de direito processual e de direito material que possam respaldar a construção da norma jurídica na situação concreta, capaz de autorizar o intérprete autêntico a conceder, independentemente da provocação da parte, a tutela inibitória para a proteção do direito fundamental social ao meio ambiente do trabalho sadio.

## 5.1. OS FUNDAMENTOS PROCESSUAIS PARA UMA TUTELA INIBITÓRIA DE OFÍCIO

### 5.1.1. A garantia constitucional do contraditório e da ampla defesa

A CRFB assegurou, no artigo 5º, LV, a garantia aos litigantes, tanto nos processos judiciais quanto administrativos, do exercício do contraditório e da ampla defesa. Esse princípio constitucional representa uma das faces da manifestação da liberdade na seara processual.

Essa garantia fundamental, presente no ordenamento jurídico brasileiro desde a Constituição do Império de 1824[259], e repetida nos textos constitucionais que a sucedeu, tem como objetivo a garantia da igualdade entre as partes da demanda, permitindo que estas possam exercer de forma plena os direitos de ação e de defesa, a partir do prévio conhecimento dos elementos de fato e de direito em discussão na lide.

Nelson Nery Júnior[260], em obra específica sobre os princípios processuais positivados na Constituição, preceitua que o direito ao contraditório deve ser compreendido em duplo viés, como sendo:

> [...] a necessidade de dar conhecimento da existência da ação e de todos os atos do processo às partes, e, de outro, a possibilidade de as partes reagirem aos atos que lhe sejam desfavoráveis. Garantir-se o contraditório significa, ainda, a realização da obrigação de noticiar (*Mitteilungsplicht*) e da obrigação de informar (*Informationsplicht*) que o órgão julgador tem, a fim de que o litigante possa exteriorizar suas manifestações.

Diante desse conceito, que conjuga dois aspectos relacionados à publicidade dos atos processuais, é possível concluir que a garantia constitucional em análise está relacionada tanto à relação havida entre

---

(259) O artigo 179, VIII da Constituição do Império de 1824 assim dispõe, *verbis*: "Art. 179 A inviolabilidade dos direitos civis, e políticos dos cidadãos brasileiros, que tem por base a liberdade, a segurança individual, e a propriedade, é garantida pela Constituição do Império, pela maneira seguinte: (*omissis*) VIII — Ninguém poderá ser preso sem culpa formada, exceto nos casos declarados na lei; e nestes dentro de vinte e quatro horas contadas da entrada na prisão, sendo em cidades, vilas, ou outras povoações próximas aos lugares da residência do juiz; e nos lugares remotos dentro de um prazo razoável, que a lei marcará, atenta à extensão do território, o juiz por uma nota, por ele assinada, fará constar ao réu o motivo da prisão, os nomes do seu acusador, e os das testemunhas, havendo-as".

(260) NERY JUNIOR, Nelson. *Princípios do processo na Constituição Federal*. 10. ed. rev., atual. e ampl. São Paulo: Revista dos Tribunais, 2010. p. 210-211.

as partes da demanda quanto ao liame que estas mantêm com o órgão jurisdicional.

Assegurar o contraditório, portanto, significa mais do que dar ciência à parte contrária dos atos processuais praticados pelo adversário, mas deve incluir também a garantia da ciência dos atos praticados pelo próprio juiz no processo.

Ao se assegurar às partes o pleno exercício do direito ao contraditório e à ampla defesa, dando-lhes ciência para manifestação sobre os atos praticados pelo adversário e pelo juiz no curso do processo, e oportunizando às partes a produção de provas, garante-se a própria segurança jurídica nas relações processuais.

Fica impedida a parte de alegar, nesse sentido, de ter sido surpreendida com uma decisão judicial na qual teve plena oportunidade de se manifestar, produzir as provas, realizar requerimentos, ou seja, praticar toda a gama de atos processuais que permita a formação do convencimento do órgão julgador.

Além do aspecto relacionado à ciência bilateral dos atos praticados no processo, destaca Antônio do Passo Cabral[261] que a garantia do contraditório deve ser lida também de modo a representar no direito moderno a expressão do dever de colaboração das partes com o próprio Juízo.

Nesse aspecto, ao se dar ciência dos atos processuais que são praticados, devem as partes, em uma atividade de contribuição com a Justiça, trazer todos os elementos que possam conter subsídios para o julgamento da demanda[262].

O contraditório e a ampla defesa representam, a partir de todas as perspectivas apresentadas, mecanismos constitucionais de legitimação da própria decisão judicial, pois permitem as partes, em cooperação na busca da decisão de mérito justa e efetiva, trazer aos autos elementos aptos a formar a convicção do juiz.

Quando se analisa a atuação de ofício do magistrado, ou seja, de forma independente à existência de prévia provocação das partes, o exercício do contraditório e da ampla defesa deve ser plenamente assegurado, sob pena de possível caracterização de nulidade processual, se a abreviação do procedimento causar algum prejuízo a um dos demandantes.

Por outro lado, dar ciência bilateral prévia às partes do objeto da investigação realizada pelo órgão julgador, permitindo a elas a produção de

---

(261) CABRAL, Antônio do Passo. *Nulidades no processo moderno*: contraditório, proteção da confiança, validade *prima facie* dos atos processuais. 2. ed. Rio de Janeiro: Forense, 2010. p. 207.
(262) Esse dever de colaboração das partes foi positivado no novo CPC, conforme disposição expressa do artigo 6º, *verbis*: "Todos os sujeitos do processo devem cooperar entre si para que obtenham, em tempo razoável, decisão de mérito justa e efetiva".

elementos de prova e a manifestação sobre esses dados investigados, ou seja, assegurando a possibilidade de autor e réu trazerem aos autos do processo elementos de convicção, implica o reconhecimento da validade do julgamento, ainda que de forma *extra petita* ou *ultra petita*.

Nesse mesmo sentido, apresentam-se as sempre valiosas lições de Bedaque[263], ao tratar dos efeitos decorrentes da inobservância do princípio da correlação entre o objeto da demanda e o objeto da decisão, quando observadas as garantias do contraditório e da ampla defesa:

> Se atentarmos para a razão maior da vedação, lícito será afirmar que, se a matéria foi submetida ao contraditório e à ampla defesa, concedendo-se às partes todas as oportunidades para produzir prova a respeito, o vício concernente à técnica processual não constitui óbice à participação. Assegurou-se a efetivação do contraditório e da ampla defesa. Nessa medida, o vício decorrente da violação da regra técnica, consistente na adstrição do provimento à demanda, pode ser relevado. Isso porque restou preservado o escopo desejado pelo legislador ao enunciá-la.

Os elementos de identificação da demanda, como analisados no capítulo anterior, estabelecem os limites subjetivos e objetivos da lide. A petição inicial, ao trazer a descrição das partes, dos pedidos imediato e mediato, bem como dos fundamentos fáticos e jurídicos que os embasam, assegura ao réu conhecer os limites da lide e, assim, preparar a defesa e as provas que pretende produzir.

A correta identificação da demanda, por meio dos seus elementos constitutivos, é a garantia que a parte tem de conhecer os pontos que serão discutidos no processo e, assim, exercer o direito ao contraditório e à ampla defesa.

Dessa forma, a atuação *ex-officio* do magistrado, em extravasamento dos limites definidos na lide, deve ser tida como excepcional, somente se justificando quando o interesse tutelado e as circunstâncias da situação concreta ultrapassarem os interesses das próprias partes individualmente consideradas.

As discussões envolvendo a proteção do meio ambiente do trabalho, ou seja, relacionadas aos direitos metaindividuais de natureza indisponível[264],

---

(263) BEDAQUE, José Roberto dos Santos. Os elementos objetivos da demanda examinados à luz do contraditório. In: CRUZ E TUCCI, José Rogério; BEDAQUE, José Roberto dos Santos (Coords.). *Causa de pedir e pedido no processo civil*: questões polêmicas. São Paulo: Revista dos Tribunais, 2002. p. 35.

(264) Os direitos relativos à segurança e à medicina do trabalho constituem patamar civilizatório mínimo e, portanto, são de indisponibilidade absoluta das partes do contrato de trabalho. Nesse sentido, vide: DELGADO, Mauricio Godinho. *Curso de direito do trabalho*. 4. ed. São Paulo: LTr, 2005. p. 918-922.

justificam, diante do caso, a superação dos limites subjetivos e objetivos da demanda, quando outros trabalhadores estiverem em semelhante condição de vulnerabilidade, mas que, pelo receio do desemprego e de outras retaliações, deixam de promover o ajuizamento de reclamações trabalhistas.

Presente uma situação concreta, em que há a discussão sobre o cumprimento de obrigações relativas à segurança e medicina do trabalho, ou seja, de normas de interesse público, é perfeitamente possível conceber a construção da norma jurídica que autorize a concessão de ofício de uma tutela mandamental preventiva inibitória, ainda que a demanda seja individualmente proposta e tenha como objeto imediato a dedução de pretensão de naturezas condenatória e ressarcitória de efeito pecuniário.

Não se deve olvidar, entretanto, que a atuação jurisdicional para além dos limites da demanda, por meio de adoção de tutelas preventivas de ofício, como a tutela inibitória, deve ser obrigatoriamente precedida da observância de outros princípios e garantias também de envergadura constitucional, como a do contraditório e da ampla defesa, de forma a conferir validade e legitimidade à atividade protetiva.

### 5.1.2. A instrumentalidade das formas e o princípio da ausência de declaração de nulidade sem prejuízo

A preocupação do processo moderno está relacionada não apenas à correção na aplicação do direito material à situação concreta, mas, sobretudo, a garantir a efetividade da decisão e em um lapso temporal razoável.

Demandas que se eternizam no tempo são incapazes de promover a Justiça, já que muitas vezes a demora da resolução do conflito é favorável ao devedor do direito e permite a consolidação de lesões, muitas vezes irreparáveis.

Diante da inter-relação entre a materialização do julgado no campo fático e o tempo processual dispendido, o princípio da instrumentalidade das formas ganha expressão e relevo no objetivo primordial do processo, que é obter uma decisão de mérito justa e efetiva, solucionando as crises de direito apresentadas.

Na perspectiva da instrumentalidade das formas apresentada por Dinamarco[265], os institutos processuais são mecanismos postos pelo legislador ordinário para assegurar a aplicação do direito material à situação concreta, quando não houver o adimplemento espontâneo pelo devedor da obrigação ou o cumprimento do dever jurídico que a lei impõe. A perspectiva

---

(265) DINAMARCO, Cândido Rangel. *A instrumentalidade do processo*. 15. ed. São Paulo: Malheiros, 2013. p. 177.

instrumental do processo está, portanto, associada ao elemento finalístico, ou seja, ao escopo de pacificação dos confiitos sociais.

Diante do aspecto instrumental do procedimento, se o ato processual praticado alcançar a sua finalidade, inexiste razão para determinar a sua repetição. Assevera, nesse sentido, Antônio do Passo Cabral[266] que "o princípio justifica-se na ideia de que a forma não tem importância absoluta, não se podendo sacrificar a marcha processual por irregularidade formal sem antes examinar as 'finalidades do ato'".

A necessidade de aferição das finalidades do ato revela que o princípio da instrumentalidade das formas está vinculado a outro elemento de igual densidade normativa no processo civil, qual seja o da ausência da declaração de nulidade sem a prova da existência do prejuízo.

Tanto o artigo 244 do CPC de 1973 quanto o artigo 277 do novo CPC[267] positivaram a regra de que a adoção das formas para a prática dos atos processuais deve ser tomada de forma relativizada. A declaração da nulidade do ato processual, qualquer que seja a sua natureza, inclusive o ato de prolação da sentença, deve ser precedida da análise da verificação de existência de prejuízo causado àquele que lhe foi desfavorável.

Nesse sentido, no caso de realização de julgamentos *extra petita* ou mesmo *ultra petita*, como são aqueles que ampliam o objeto da lide para incluir provimento jurisdicional preventivo inibitório de ofício, a declaração da invalidade do ato processual somente se faz como medida impositiva se houver a existência de prejuízo àquele a quem a decisão foi desfavorável.

A aferição do prejuízo com a decisão, que deixou de observar uma forma prescrita, deve ser vista no aspecto processual, e não quanto ao resultado material do processo em si, se de improcedência ou de procedência, total e parcial. Melhor explicando, a avaliação do prejuízo processual é verificada em cotejo com a finalidade do ato do processo praticado.

Haverá vício na prolação de sentença *ultra petita* ou *extra petita* se a parte for surpreendida com um comando decisório que trouxer em sua fundamentação elementos que deixaram de ser discutidos na lide pelas partes.

Se a parte, por outro lado, tiver tido ciência do objeto de investigação, sendo-lhe franqueada a manifestação em contraditório e a produção de

---

(266) CABRAL, Antônio do Passo. *Nulidades no processo moderno*: contraditório, proteção da confiança, validade *prima facie* dos atos processuais. 2. ed. Rio de Janeiro: Forense, 2010. p. 44.

(267) Dispõe o artigo 244 do CPC de 1973, *ipsis litteris*: "Art. 244 Quando a lei prescrever determinada forma, sem cominação de nulidade, o juiz considerará válido o ato se, realizado de outro modo, lhe alcançar a finalidade". Já o artigo 277 do novo CPC assim dispõe, *verbis*: "Art. 277. Quando a lei prescrever determinada forma, o juiz considerará válido o ato se, realizado de outro modo, lhe alcançar a finalidade".

elementos probatórios para a formação da convicção do órgão julgador, ainda que o resultado de mérito seja desfavorável, inexiste razão, diante da inexistência de prejuízo processual, para se extirpar o capítulo da sentença que avançar nos limites objetivos e subjetivos da lide.

O órgão julgador deve ter sempre em mente que o processo é apenas um instrumento para a realização do direito material, e não um fim em si mesmo. A adoção da forma pela forma, desvencilhada do aspecto central de realização do direito material, transforma o processo "num desinteressante sistema de formalidades e prazos"[268], como já ressaltado em diversas partes deste trabalho.

A declaração de nulidade processual deve ser tomada, portanto, como medida excepcional, que tem de ser avaliada sempre à luz da existência ou não de prejuízo processual para a parte com o ato praticado.

### 5.1.3. O acesso à justiça na perspectiva preventiva

As demandas no cenário de liberalismo, como já analisadas na primeira parte, eram marcadas pelo caráter repressivo, diante dos ideais de individualismo e de liberdade construídos no seio da sociedade pós--revoluções burguesas.

A partir da perspectiva repressiva das demandas, o direito de ação era concebido como um direito individual daquele que sofreu a lesão de um bem ou de um interesse jurídico de poder encaminhar a sua pretensão ao órgão estatal incumbido da jurisdição. A alegação da existência de dano ou de lesão, portanto, era condicionante para o acesso ao Poder Judiciário.

A garantia de acesso a esse órgão estatal passou, no paradigma do Estado liberal de Direito[269], e em um primeiro estágio, pela construção de mecanismos meramente formais, como a garantia da assistência judiciária gratuita aos hipossuficientes econômicos e da disponibilização de advogados públicos, como forma de assegurar às partes o direito de ação e de defesa.

No entanto, a mera garantia de ausência de dispêndio financeiro com o custeio do processo é incapaz de, por si só, garantir o pleno acesso à jurisdição, especialmente nas relações em que as partes, por circunstâncias fáticas diversas, encontram-se em posições jurídicas antagônicas e desniveladas, como, por exemplo, nas relações empregatícias.

---

(268) BEDAQUE, José Roberto dos Santos. *Direito e processo*: influência do direito material sobre o processo. 3. ed. rev. e ampl. São Paulo: Malheiros, 2003. p. 13.
(269) CAPPELLETTI, Mauro; GARTH Bryant. *Acesso à justiça*. Tradução de Ellen Gracie Northfleet. Porto Alegre: Sérgio Antônio Fabris Editor, 1988. p. 9.

As relações de emprego são caracterizadas pelo elemento da subordinação jurídica dos empregados aos detentores dos meios de produção. Essa relação de dependência permite que, em um ordenamento jurídico, no qual há mais de 25 anos da data da promulgação da Constituição o direito fundamental social contra as despedidas arbitrárias sequer sofreu qualquer regulamentação, o acesso individual à justiça seja, em regra, de fato restrito apenas àqueles trabalhadores que tiveram seus contratos de trabalho extintos.

O receio do desemprego e de possíveis retaliações coloca o trabalhador lesado em direitos fundamentais sociais em um verdadeiro dilema, que põe em risco a sua própria sobrevivência. Daí por que foram constituídos instrumentos, em um segundo estágio de desenvolvimento, para a tutela coletiva de direitos, conferindo a legitimados extraordinários a aptidão para em Juízo postularem em nome próprio direitos de uma coletividade.

A segunda onda de acesso à justiça, designação dada por Mauro Cappelletti e Bryan Garth[270] para esse movimento, implica a abertura para que um interesse coletivo seja representado judicialmente por uma parte adequadamente estruturada, com um corpo de profissionais técnicos e habilitados, para a condução da tutela desses direitos metaindividuais.

Não obstante o ajuizamento de ações coletivas pelos legitimados extraordinários possa contribuir para o acesso à justiça de uma gama de trabalhadores com contratos de trabalho em vigor, e anteriormente alijados pelo temor do desemprego, deve-se observar que os dados levantados pelo CNJ, no ano de 2012[271], revelam que, na Justiça do Trabalho, a taxa de congestionamento nacional na fase de execução no primeiro grau de jurisdição é da ordem de 67,9%.

Esses números confirmam uma realidade vivida diuturnamente no cotidiano forense, em que se verifica, ainda que não seja possível uma contabilização, por ausência de registro nos bancos de dados das matérias discutidas nas demandas individuais e coletivas apresentadas, que mesmo as ações, quando propostas de forma coletiva pelos legitimados extraordinários, em sua imensa maioria deduzem pretensões de cunho condenatório-repressivo, com consequências meramente pecuniárias.

A alarmante taxa de congestionamento na fase de execução da Justiça do Trabalho desafia uma nova reflexão para o acesso à justiça, princípio esse que não pode ser visto apenas como mecanismo de assegurar a porta de entrada dos conflitos, mas também a de saída.

---

(270) CAPPELLETTI, Mauro; GARTH Bryant. *Op. cit.*, p. 50.
(271) Dados colhidos em 1º de abril de 2014, no sítio <http://www.cnj.jus.br/programas-de-a-a-z/eficiencia-modernizacao-e-transparencia/pj-justica-em-numeros/relatorios>.

Inexiste acesso à justiça quando se concebe apenas o direito de ajuizamento das demandas, sem que se assegure àqueles que batem às portas do Poder Judiciário a efetiva entrega do bem da vida.

A plenitude desse direito fundamental passa pela mudança da própria forma de concessão da tutela jurisdicional, que deve superar a inefetividade dos provimentos condenatórios e prestacionais de efeito ressarcitório, confirmada pela alta taxa de congestionamento na fase de execução, para um modelo de prevenção às lesões, ainda mais quando estas atingem um grupo de pessoas ligadas por uma relação jurídica-base, como são as relações entre empregadores e empregados de uma empresa.

O ordenamento jurídico é pródigo em mecanismos processuais preventivos, como, por exemplo, se apresenta a tutela inibitória, passível de ser concedida por meio da técnica da sentença condenatória-mandamental.

Essa técnica, como já analisada anteriormente, dispensa em regra a fase de execução para o cumprimento, diante da possibilidade de o juiz, de ofício, adotar instrumentos coercitivos para garantir a efetividade do provimento jurisdicional na própria fase de conhecimento.

Em se tratando de direitos metaindividuais, como é o caso do direito ao meio ambiente do trabalho saudável, a preocupação preventiva deve figurar na ordem do dia, já que as lesões à saúde dos trabalhadores repercutem em toda a sociedade, conforme reporte aos dados de afastamentos previdenciários já levantados e analisados.

O acesso à justiça, diante da perspectiva preventiva, deve nortear a atividade interpretativa realizada pelos aplicadores do direito, amoldando dogmas processuais concebidos, para uma sociedade liberal, como o princípio da adstrição entre a demanda e a sentença, de modo a assegurar a prevenção de litígios.

O direito processual do trabalho é generoso em princípios informadores, como o princípio da ultrapetição, capaz de autorizar a mitigação de outro princípio — o da adstrição ou da congruência —, de modo a permitir a concessão de tutelas inibitórias, ainda que de ofício pelo órgão julgador, para prevenir a existência de lesões futuras em trabalhadores que, por sua vez, desaguarão em regra no Poder Judiciário.

### 5.1.4. *A economia processual e a duração razoável do processo*

O cenário do pós-positivismo jurídico é marcado pela massificação dos conflitos, que repercutem em dados estatísticos consolidados pelo CNJ, que revelam a elevada taxa de congestionamento do Poder Judiciário, especialmente na fase de execução, com a explosão de demandas individuais condenatórias e ressarcitórias, com efeitos pecuniários.

Como visto nos tópicos anteriores, as demandas condenatórias de ressarcimento econômico do prejuízo não representam técnicas efetivas para a solução das crises de direito[272], quando analisadas sob a perspectiva preventiva das lesões a direitos e a interesses jurídicos.

O efeito das tutelas condenatórias de recomposição patrimonial, nas demandas envolvendo direitos relacionados à segurança e medicina do trabalho, além do alcance restritivo entre as partes da demanda, muitas vezes são incapazes de restaurar o *status quo*, sem falar que não geram no devedor do direito qualquer efeito educativo.

As consequências da violação desses direitos metaindividuais, no campo do processual, são verificadas na disseminação de demandas individuais condenatórias ressarcitórias repetitivas, que tornam a resposta do Estado-juiz cada vez mais morosa diante da explosão dos conflitos massificados.

A preocupação do processo pós-moderno está relacionada também à própria justiça da decisão, que passa, além da busca pela efetividade, em um provimento jurisdicional com celeridade, tal como preceituado no artigo 6º do novo CPC.

Seguindo essa tendência, inclusive já reconhecida no plano internacional desde 1969, com o advento do Pacto de São José da Costa Rica (Convenção Interamericana de Direitos Humanos), internalizada pelo Brasil por meio do decreto-legislativo n. 27/92, o constituinte derivado, a partir da emenda constitucional n. 45, elevou à categoria de garantia fundamental o princípio da duração razoável do processo, assegurando meios para a celeridade da sua tramitação.

Sobre esse princípio fundamental, Nelson Nery Junior[273] aponta que este apresenta dupla função. A primeira delas está relacionada diretamente ao tempo do processo, desde a data do ajuizamento da demanda até o momento do trânsito em julgado; a segunda, ligada à adoção de mecanismos alternativos para a solução dos conflitos.

Não obstante esse abalizado posicionamento, o princípio da duração razoável do processo deve ser compreendido de uma forma mais ampla que aquela apresentada pelo professor da Pontifícia Universidade Católica de São Paulo.

Em primeiro lugar, a duração do processo deve ser medida não apenas na fase de cognição, como pode sugerir a limitação até o trânsito em julgado, mas também de forma a considerar eventual fase de execução do processo,

---

(272) MANCUSO, Rodolfo de Camargo. *Acesso à justiça*: condicionantes legítimas e ilegítimas. São Paulo: Revista dos Tribunais, 2011. p. 109.

(273) NERY JUNIOR, Nelson. *Princípios do processo na Constituição Federal*. 10. ed. rev., atual. e ampl. São Paulo: Revista dos Tribunais, 2010. p. 319.

já que somente com a efetiva entrega do bem da vida ao credor do direito material ter-se-á a completa entrega da prestação jurisdicional.

Além disso, outro destaque que merece ser feito às considerações trazidas pelo processualista paulista diz respeito ao fato de que as funções do princípio da duração razoável do processo compreendem, além daquelas já apresentadas, também a necessidade de releitura dos institutos processuais, de modo a conferir, a partir do caráter instrumental, uma maior efetividade prática para o direito adjetivo.

Diretamente associado a essa perspectiva dos efeitos do tempo, apresenta-se o princípio da economia processual. Por meio desse princípio balizador, a prestação jurisdicional deve produzir o máximo de resultados práticos com o menor dispêndio econômico possível[274].

A justificativa de uma tutela preventiva inibitória de ofício pauta-se tanto na busca pela economia processual quanto aos efeitos reflexos que serão gerados para as outras demandas em tramitação no Poder Judiciário trabalhista.

Em relação a esses efeitos, tem-se que o acolhimento da perspectiva de atuação jurisdicional preventiva *ex-officio*, por meio da técnica da tutela inibitória, implica a possibilidade de aproveitamento de atos processuais praticados, de provas produzidas, de custos com a contratação de advogados, sem que haja a necessidade de proposituras de novas demandas individualizadas.

Por sua vez, havendo a redução das demandas individuais massificadas, será possível atender, em relação aos demais conflitos a uma resposta mais célere, em atendimento à garantia fundamental da duração razoável do processo.

## 5.2. OS FUNDAMENTOS MATERIAIS PARA A TUTELA PREVENTIVA DE OFÍCIO

### 5.2.1. O princípio protetivo

O sistema jurídico, nas lições de Canaris[275], constitui uma "ordem axiológica ou teleológica de princípios jurídicos gerais", o que representa o reconhecimento de abertura ao próprio direito em si. Essa abertura do

---

(274) LEITE, Carlos Henrique Bezerra. *Curso de direito processual do trabalho*. 5. ed. São Paulo: LTr, 2007. p. 67.
(275) CANARIS, Claus-Wilhelm. *Pensamento sistemático e conceito de sistema na ciência do direito*. 5. ed. Lisboa: Fundação Calouste Gulbenkian, 2012. p. 280.

sistema é capaz de justificar a alteração de paradigmas interpretativos ao longo da história, conforme fora trabalhado na primeira parte do trabalho.

No cenário do Estado democrático de Direito, os princípios assumem posição destacada na atividade interpretativa, superando o papel ocupado no modelo liberal de servir como mera fonte supletiva para ocupar lacunas do direito positivo.

Os princípios representam os elementos fundantes do ordenamento jurídico e que são capazes de conferir a necessária plasticidade ao sistema, de modo a se adequar às novas realidades sociais.

Os princípios são definidos por Humberto Ávila[276] como sendo:

> [...] normas imediatamente finalísticas, primariamente prospectivas e com pretensão de complementariedade e de parcialidade, para cuja aplicação se demanda uma avaliação da correlação entre o estado de coisas a ser promovido e os efeitos decorrentes da conduta havida como necessária à sua promoção.

O componente principiológico, nesse sentido, constitui um elemento complementar na aplicação do direito. Não obstante essa perspectiva, deve o intérprete autêntico ter em mente que, como elemento integrante do sistema jurídico, os princípios assumem posição de destaque quando analisada a questão da efetividade dos direitos fundamentais.

No âmbito do direito do trabalho, o princípio da proteção tem posição de destaque como vetor interpretativo, além de outras funções, como a de inspiração ao legislador, a de suprimento de lacunas e de sistematização do ordenamento jurídico[277].

Para a nossa finalidade, consistente na releitura de institutos do direito processual, a função interpretativa dos princípios ganhará maior espaço, diante da necessidade de conferir ao processo maior efetividade.

O princípio da proteção ou protetivo é entendido como sendo aquele que tem como finalidade corrigir as desigualdades materiais havidas entre os polos da relação empregatícia, concedendo ao hipossuficiente econômico uma superioridade jurídica[278].

O princípio protetivo, cujo fundamento de validade é encontrado no *caput* do artigo 7º da CRFB, assume diversas vertentes no plano material do direito do trabalho, manifestado na atividade interpretativa por meio da aplicação

---

(276) ÁVILA, Humberto. *Teoria dos princípios*: da definição à aplicação dos princípios jurídicos. 14. ed. atual. São Paulo: Malheiros, 2013. p. 85.
(277) SCHIAVI, Mauro. *Princípios do processo do trabalho*. São Paulo: LTr, 2012. p. 15.
(278) BARROS, Alice Monteiro de. *Curso de direito do trabalho*. 6. ed. São Paulo: LTr, 2010. p. 181.

de outros princípios como norma mais favorável, do *in dubio pro misero* e da condição mais benéfica.

Pelo princípio da norma mais favorável, em havendo eventual conflito de textos de normas aplicáveis à situação concreta, prevalece aquele que for mais benéfico ao trabalhador, independentemente da escala hierárquica que esse texto normativo ocupa na pirâmide kelseniana[279].

Outra manifestação do princípio protetivo é consubstanciada no adágio *in dubio pro misero*. O contrato de trabalho, como já fora analisado, é marcado pela extrema desigualdade econômica entre os sujeitos da relação jurídica.

Assim, de forma a corrigir a disparidade decorrente da dependência do trabalhador ao emprego, como meio próprio de subsistência e também da família, diante da existência de dúvidas no procedimento de interpretação do texto legal deve ser dado o sentido de modo a beneficiar o empregado.

A natureza protetiva do direito do trabalho também se manifesta pela restrição positivada no ordenamento jurídico de que o empregador proceda à alteração contratual, ainda que com o consentimento do obreiro, de modo a criar condições menos benéficas àquelas anteriormente experimentadas no contrato. As condições mais benéficas, portanto, aderem ao contrato de trabalho e somente podem ser substituídas por outras ainda mais favoráveis ao trabalhador.

Todas essas manifestações do princípio protetivo permitem a construção de referências ao intérprete autêntico. A proteção ao trabalhador é o vetor que deve nortear não apenas a interpretação do direito material, mas também a atividade jurisdicional, inclusive na aplicação de institutos e das técnicas processuais positivadas na situação concreta[280], sempre tendo em vista a efetividade dos direitos fundamentais.

É impossível conceber a proteção integral do trabalhador ao se aplicar uma técnica processual civil, como a tutela inibitória, seguindo os mesmos princípios e parâmetros aplicáveis às relações privadas, ou seja, entre aqueles que ocupam, em tese, igualdade de situação jurídica.

A partir do texto constitucional, que elevou à categoria de direito fundamental social a proteção ao meio ambiente do trabalho, exsurge a necessidade de compreender os institutos processuais, que objetivam uma tutela preventiva de direitos dos hipossuficientes econômicos, como o exemplo da tutela inibitória, de forma a atender ao ideal de proteção plena.

---

(279) KELSEN, Hans. *Teoria pura do direito*. Tradução de João Baptista Machado. 6. ed. São Paulo: Martins Fontes, 1998. p. 247.
(280) BEBBER, Júlio César. *Princípios do processo do trabalho*. São Paulo: LTr, 1997. p. 78.

Portanto, a perspectiva de proteção ao trabalhador deve servir o princípio em análise de vetor de irradiação no procedimento tendente a concretizar o direito fundamental ao meio ambiente do trabalho saudável.

Ao se pensar em uma tutela preventiva de direitos, a perspectiva de proteção ao trabalhador deve balizar a atividade de concretização do direito. Essa atividade de interpretação e de aplicação do direito à situação concreta, jungida pelo ideal protetivo, passa pela mitigação de dogmas processuais, como, por exemplo, a observância dos princípios da adstrição e da congruência por parte do julgador.

### 5.2.2. A natureza indisponível e coletiva do direito ao meio ambiente do trabalho saudável

A CRFB elencou, dentre os direitos fundamentais sociais, o direito à proteção ao meio ambiente de trabalho saudável. A importância alcançada por esse direito é tamanha que o próprio constituinte inseriu a proteção do meio ambiente do trabalho como uma questão de saúde pública, conforme se observa na dicção do artigo 200, VIII do texto constitucional.

Ao ser tratado o meio ambiente físico do trabalho como direito fundamental, restou também garantida, por força do parágrafo primeiro do artigo 5º da Carta Magna, a sua aplicação imediata.

A fundamentalidade do direito ao meio ambiente do trabalho saudável também tem o condão de servir como limite material ao exercício do poder constituinte derivado, já que representa cláusula pétrea imposta pelo constituinte originário.

Todas essas características relacionadas a esse direito fundamental representam o caráter de indisponibilidade absoluta e de importância que esse direito adquire no sistema constitucional brasileiro.

Esse grau de indisponibilidade irradia-se no âmbito privado, servindo como limitador à autonomia da vontade das partes, inclusive quando manifestada de forma coletiva, por meio de convenções e acordos coletivos de trabalho firmados pelos sindicatos de classe.

O meio ambiente do trabalho, considerado pelo constituinte originário espécie do gênero meio ambiente[281], é definido por Rodolfo de Camargo Mancuso[282] como sendo o:

> [...] "habitat" laboral, isto é, tudo que envolve e condiciona, direta e indiretamente, o local onde o homem obtém os meios para prover o

---
(281) Na forma do artigo 200, VIII, da CRFB.
(282) MANCUSO, Rodolfo de Camargo. Ação civil pública trabalhista: análise de alguns pontos controvertidos. *Revista de Processo*, São Paulo, ano 24, n. 93. p. 59, jan./mar. 1999.

quanto necessário para a sua sobrevivência e desenvolvimento, em equilíbrio com o ecossistema.

Diante do conceito apresentado, a noção de meio ambiente do trabalho está relacionada à interação indissociável entre aqueles que executam diuturnamente a atividade laborativa e o local onde esta é desenvolvida.

O aspecto apresentado tem grande valia na presente investigação, pois permite reconhecer que o ambiente de trabalho é o local compartilhado não apenas por um trabalhador de forma isolada, mas, sobretudo, por todos aqueles que possam, em momento atual ou futuro, interagir com aquele espaço de produção, em maior ou menor intensidade.

Nesse cenário, o ambiente de trabalho deve ser concebido de forma indivisível, considerando a perspectiva daqueles que nele laboram, embora eventuais danos causados aos trabalhadores, decorrentes da inobservância das regras de proteção por parte dos detentores dos meios de produção, possam ser individualizados por diversos elementos circunstanciais, como, por exemplo, a extensão do dano, a condição pessoal do trabalhador, o tempo de exposição a agentes nocivos à saúde, dentre outros fatores.

Merecem destaque, por oportuno, as lições de Nelson Nery Júnior e Rosa Maria Andrade Nery[283] para quem não é possível fazer uma identificação apriorística se um direito ou interesse é coletivo em sentido estrito, difuso ou individual homogêneo apenas observando o bem da vida em discussão. A identificação da espécie do interesse ou direito é dependente da averiguação da pretensão deduzida, ou seja, a partir da causa de pedir e dos pedidos formulados pelo autor da demanda.

Os interesses coletivos em sentido estrito são identificados pela indivisibilidade material[284] do objeto tutelado e pelo caráter transindividual dos sujeitos afetados, não obstante no campo subjetivo seja possível a sua determinação individual, diante do vínculo que os une.

Por sua vez, os interesses difusos diferenciam-se dos interesses coletivos *stricto sensu* pela indeterminabilidade absoluta dos atingidos, não obstante estes também compartilharem um objeto indivisível.

Finalmente, os interesses individuais homogêneos distinguem-se dos interesses coletivos em sentido estrito e difuso pela divisibilidade do objeto e pela individualização dos sujeitos afetados.

---

(283) NERY JUNIOR, Nelson; NERY, Rosa Maria Andrade. *Código de processo civil comentado*. São Paulo: Revista dos Tribunais, 1994. p. 1394.
(284) ZAVASCKI, Teori Albino. *Processo coletivo*: tutela de direitos coletivos e tutela coletiva de direitos. São Paulo: Revista dos Tribunais, 2006. p. 42.

Não obstante o caráter individual do interesse ou do direito tutelado, os interesses individuais homogêneos recebem do legislador ordinário um tratamento processual coletivo diante da origem comum do direito que une os sujeitos envolvidos.

A tutela do direito fundamental ao meio ambiente do trabalho saudável assume, considerando todos os aspectos subjetivos e objetivos anteriormente mencionados, uma dimensão metaindividual coletiva, quando analisada na perspectiva de prevenção de lesões, em razão da indivisibilidade do objeto tutelado e também na perspectiva dos sujeitos envolvidos.

É impossível reconhecer, sem ferir o princípio da isonomia, a proteção de determinados trabalhadores em detrimento dos demais, ainda mais se considerar a circunstância especial vivida na relação de trabalho de que o medo do desemprego e de retaliações restrinja às reclamações trabalhistas ao momento posterior à extinção do contrato de trabalho.

Sobre a necessidade da atuação jurisdicional de interesses metaindividuais, que diversas vezes sequer são levados ao conhecimento do Poder Judiciário, Ada Pellegrini Grinover[285] aponta que os conflitos devem ser solucionados de modo macroscópico ser, e não apenas de forma pulverizada, como hoje se observa no número crescente de demandas ajuizadas de forma individual.

A atuação coletiva permite que aqueles possíveis afetados com a conduta antijurídica possam ter o seu interesse tutelado, sem o temor de futuras retaliações por parte dos empregadores.

Embora as demandas coletivas sejam instrumentos adequados sob a perspectiva processual para a tutela dos interesses coletivos em sentido amplo, já que constituem ações "sem rosto", conforme feliz expressão de Marcos Neves Fava[286], é verificado diuturnamente no cotidiano forense que o seu manejo tem destaque em uma perspectiva repressiva em detrimento do viés preventivo.

Diante dessa realidade, e considerando a natureza indivisível e metaindividual do meio ambiente do trabalho, compete ao intérprete autêntico no Estado democrático de Direito aplicar as técnicas processuais disponibilizadas pelo ordenamento jurídico, como a tutela inibitória, com o objetivo de prevenção coletiva de lesões.

A demanda que versa na causa de pedir sobre violações ao direito fundamental ao meio ambiente de trabalho saudável, ainda que tenha sido apresentada de forma individualizada e com a dedução de pretensões

---

(285) GRINOVER, Ada Pelegrini. *O processo em sua unidade*. Rio de Janeiro: Forense, 1984. p. 88-89.
(286) FAVA, Marcos Neves. *Ação civil pública trabalhista*: teoria geral. 2. ed. São Paulo: LTr, 2008. p. 85.

de cunho reparatório e prestacional em pecúnia, é passível de gerar um provimento jurisdicional coletivo e preventivo, considerando a indivisibilidade e a natureza metaindividual do objeto da lide.

Ao ser travada na lide a discussão acerca da existência ou não de descumprimento de obrigações atinentes à segurança e medicina do trabalho, como, por exemplo, o fornecimento de EPIs para a neutralização de agentes insalubres ou o fornecimento de mobiliários adequados, sob o prisma ergonômico, para o desempenho da atividade, é assegurado ao réu, dentro da própria demanda individual, o direito pleno de defesa e de produção de provas no sentido de demonstrar eventual alegação de cumprimento das obrigações trabalhistas.

Assim, em sendo verificado em Juízo, após ser assegurada a garantia fundamental do contraditório e da ampla defesa, que de fato havia o descumprimento das obrigações referentes à manutenção da higidez no ambiente de trabalho por parte daquele réu e, diante da indivisibilidade do meio ambiente do trabalho, do elemento protetivo do trabalhador, da característica da ultrapetição trabalhista, é perfeitamente possível gerar um provimento jurisdicional preventivo e com o espectro de abrangência coletiva.

Portanto, diante da indisponibilidade absoluta desse direito fundamental, associado ao fato de que o meio ambiente laboral constitui objeto indivisível diante da dimensão coletiva, o tratamento judicial a ser conferido, quando houver discussão na situação concreta envolvendo o cumprimento de normas de segurança e medicina do trabalho, deve extrapolar os limites subjetivos e objetivos da demanda.

### 5.2.3. Os princípios da precaução e da prevenção

A doutrina do direito ambiental traz os princípios da prevenção e da precaução como elementos fundantes e vetores interpretativos do seu microssistema normativo, que objetiva regular o meio ambiente em geral.

A terminologia utilizada para definir esses princípios pode gerar, em uma leitura mais apressada, a falsa compreensão de que estes têm o mesmo sentido e, consequentemente, possam ser tratados como termos sinônimos.

Os princípios da precaução e da prevenção não se confundem, embora ambos tenham como escopo fundamental a preocupação em evitar futuros danos ao meio ambiente, seja ele classificado, consoante a natureza jurídica do bem tutelado, em natural, artificial, cultural, do patrimônio genético e do trabalho.

O princípio da precaução tem como marca característica incidir sempre que o elemento incerteza quanto à potencialidade em si da ocorrência do dano estiver presente, a partir de uma conduta a ser praticada[287]. Quer-se evitar, portanto, a partir do princípio da precaução a existência de eventual risco futuro ao meio ambiente, protegendo as futuras gerações.

Esse princípio geral de direito ambiental decorre e tem seu fundamento de validade na própria CRFB que, no artigo 225, *caput*, traz expressamente a intenção do constituinte de proteção das gerações futuras.

No ordenamento jurídico pátrio, o princípio da precaução assumiu lugar de destaque a partir da Conferência Rio 92. A Declaração do Rio, fruto da conferência realizada na década de 1990, traz expressamente o princípio da precaução positivado em seu item 15, que merece ser transcrito diante da sua importância:

> Com o fim de proteger o meio ambiente, o princípio da precaução deverá ser amplamente observado pelos Estados, de acordo com suas capacidades. Quando houver ameaça de danos graves ou irreversíveis, a ausência de certeza científica absoluta não será utilizada como razão para o adiamento de medidas economicamente viáveis para prevenir a degradação ambiental.

Além do princípio da precaução, que tem assento quando houver a incerteza da existência de futuro dano ao meio ambiente, assume também destaque, quando se estuda a proteção de futuros danos ambientais, o princípio da prevenção.

O princípio da prevenção tem campo de incidência diferenciado em relação ao princípio da precaução. O princípio da prevenção é aplicado, segundo Paulo de Bessa Antunes[288], em situações de "impactos ambientais já conhecidos e dos quais possa, com segurança, estabelecer um conjunto de nexos de causalidade que seja suficiente para a identificação dos impactos futuros mais prováveis".

Diante do espectro de abrangência do princípio da prevenção, tem-se que sua aplicação cinge-se a situações nas quais os riscos de dano ao meio ambiente são previsíveis e objetivamente conhecidos por certeza científica[289], diante da conduta a ser praticada pelo agente.

A utilização da tutela inibitória de ofício para a proteção do meio ambiente de trabalho tem fundamento tanto no princípio da precaução, quanto no axioma da prevenção do dano ambiental.

---

(287) LOPES, Teresa Ancona. *Princípio da precaução e evolução da responsabilidade civil*. São Paulo: Quartier Latin, 2010. p. 103.
(288) ANTUNES, Paulo de Bessa. *Direito ambiental*. 13. ed. rev. e atual. Rio de Janeiro: Lumen Juris, 2011. p. 50.
(289) FELICIANO, Guilherme Guimarães. Tutela inibitória em matéria labor-ambiental. *Revista do TST*, Brasília, vol. 77, n. 4. p. 144, out./dez. 2011.

A omissão do empregador ao não fornecer equipamentos de proteção individuais adequados para a neutralização de agentes insalubres, além de outras infrações às normas regulamentadoras do MTE, especialmente as que versam sobre ergonomia, trabalho seguro, dentre outras tantas normas de segurança, permite ao magistrado do trabalho, conhecedor da potencialidade de riscos futuros, valer-se do princípio da prevenção para determinar a adoção de medidas adequadas a eliminar o risco de dano.

Além disso, diante da necessidade de proteção integral da saúde e da integridade do trabalhador, é possível também, por meio da utilização do princípio da precaução, adotar medidas tendentes a evitar danos, ainda que haja incerteza da potencialidade de ocorrência.

## 5.3. A CONSTRUÇÃO DA NORMA JURÍDICA NA SITUAÇÃO CONCRETA AUTORIZATIVA DA TUTELA PREVENTIVA INIBITÓRIA DE OFÍCIO

Ao longo deste trabalho, como visto desde a primeira parte, a preocupação do intérprete autêntico no cenário do pós-positivismo jurídico é buscar a justiça da decisão na situação concreta.

O processo judicial justo, nas lições de Dinamarco[290], é aquele "composto pela efetividade de um mínimo de garantias de meios e de resultados", com o objetivo final de alcançar o trinômio "qualidade-tempestividade-efetividade".

Portanto, não se pode avaliar a justiça do processo sem se fazer a consideração na qualidade da decisão judicial, ou seja, uma decisão proferida despida de vícios processuais e de julgamento, no tempo dispendido entre o ajuizamento da demanda e a resposta estatal e, por fim, na realização prática do direito material à situação fática apresentada.

A preocupação do jurista no paradigma pós-positivista parte da necessidade de aproximação entre o direito e a realidade social, em rompimento com o modelo positivista clássico no qual o direito era interpretado de forma estanque, em verdadeira contradição interna.

Essa é a razão de, diante das peculiaridades de cada situação posta a julgamento, a construção da norma jurídica somente ser concebida diante da situação concreta, e não de forma apriorística[291].

---

(290) DINAMARCO, Cândido Rangel. *Instituições de direito processual civil*. 4. ed. São Paulo: Malheiros, 2004. v. I, p. 115.
(291) MÜLLER, Friedrich. *O novo paradigma do direito*: introdução à teoria e metódica estruturantes. Tradução de Peter Naumann. 3. ed. São Paulo: Revista dos Tribunais, 2013. p. 13.

Nesse panorama, a tutela inibitória apresenta-se como uma das técnicas processuais disponibilizadas pelo legislador ordinário, a partir da perspectiva preventiva do axioma fundamental do acesso à justiça.

Assegura-se, por meio dessa técnica processual, em demandas envolvendo o direito fundamental ao meio ambiente do trabalho saudável, o atingimento da qualidade da decisão judicial, em uma perspectiva da efetividade do próprio direito material, ou seja, no intuito da prevenção da ocorrência do dano, e em um tempo razoável, mediante a utilização de instrumentos coercitivos para o cumprimento da decisão.

Por outro lado, em se tratando de relações empregatícias, marcada pela vulnerabilidade econômica do empregado diante do empregador durante a vigência do contrato de trabalho[292], observa-se no cotidiano forense que raras são as demandas individuais e coletivas propostas por esses empregados e pelos legitimados processuais em substituição processual, respectivamente, com objetivo preventivo, não obstante ser disponibilizada pelo ordenamento jurídico a técnica processual da tutela inibitória.

Necessária se faz a construção da norma jurídica que possibilite ao magistrado, diante da situação fática que envolva a discussão sobre o descumprimento de normas de segurança e medicina do trabalho, conceder, mesmo em uma demanda individual, na qual se apresente pretensões de natureza condenatória de ressarcimento ou de reparação do dano, a tutela preventiva inibitória de ofício.

Com isso, o efeito inibitório da tutela será capaz de prevenir a ocorrência de danos futuros a outros empregados, que se encontram na mesma situação jurídica daquele que manejou a demanda individual, por exemplo.

A aquisição de legitimidade da construção da norma jurídica passa pela observância dos princípios fundamentais de direito material e de direito processual insculpidos na Constituição, dentre eles o princípio protetivo, o da garantia do acesso à justiça, o do respeito ao contraditório e à ampla defesa, o da duração razoável do processo e o da proteção integral do meio ambiente do trabalho.

Além disso, a atividade de construção da norma jurídica pelo intérprete autêntico deve ser balizada em elementos objetivos, permitindo que tanto o órgão jurisdicional provocado a revisar da decisão *a quo* quanto o próprio condenado na reclamação trabalhista possam conhecer o caminho percorrido nesse processo de concretização da norma, o que confere legitimidade material a esse ato judicial.

---

(292) MALLET, Estêvão. Considerações sobre a homogeneidade como pressuposto para a tutela coletiva de direitos individuais. In: MALLET, Estêvão; SANTOS, Enoque Ribeiro dos (coords.). *Tutela processual coletiva*: temas. São Paulo: LTr, 2010. p. 13.

A legitimidade do ato construtivo da norma jurídica também passa pelo aspecto formal, já que a base da teoria estruturante do direito construída por Friedrich Müller[293] é calçada nos elementos linguísticos do texto legal, criado por órgãos com competência constitucional legiferante própria, o que importa na observância do princípio da separação dos poderes.

Merecem destaque, neste ponto da nossa obra, as considerações apresentadas por Cappelletti[294], no sentido de que "o verdadeiro problema é outro, ou seja, o do *grau de criatividade* e dos *modos, limites* e *aceitabilidade* da criação do direito por obra dos tribunais judiciários".

Como afirmado desde a primeira parte do estudo, a teoria estruturante da norma parte do próprio texto legal, o que confere a segurança jurídica almejada desde a ascensão do positivismo jurídico.

O aspecto textual é apenas a ponta do *Iceberg*[295], o que implica a necessidade de analisar os elementos da situação concreta, ou seja, os elementos da realidade e do direito material discutidos, para a construção da norma jurídica que autorize a concessão da tutela inibitória de ofício.

Como o objetivo do trabalho é a construção de uma norma jurídica de direito processual que autorize a possibilidade de deferimento *ex-officio* da tutela inibitória, deve-se ter sempre em mente que no processo de concretização é levado em consideração também o texto das normas de direito material envolvendo a segurança e medicina do trabalho, já que como visto o processo não é um fim em si mesmo[296].

O direito processual deve ser construído, portanto, de forma indissociável à garantia de efetividade do direito material, especialmente em razão da magnitude do direito fundamental social positivado no artigo 7º, inciso XXII da Constituição.

Seguindo a proposta de Müller[297], os elementos textuais representam o limite para a interpretação, sem prejuízo da própria interpretação sistemática. Nesse ponto, partindo da CRFB, é concebido no artigo 7º, XXII, como direito fundamental social dos trabalhadores, o direito à "redução dos riscos inerentes ao trabalho, por meio de normas de saúde, higiene e segurança".

---

(293) MÜLLER, Friedrich. *Metodologia do direito constitucional*. Tradução de Peter Naumann. 4. ed. rev. atual. e ampl. São Paulo: Revista dos Tribunais, 2010. p. 54.
(294) CAPPELLETTI, Mauro. *Juízes legisladores?* Tradução de Carlos Alberto Álvaro de Oliveira. Porto Alegre: Sérgio Antônio Fabris Editor, 1993. p. 21.
(295) MÜLLER, Friedrich. *O novo paradigma do direito*: introdução à teoria e metódica estruturantes. Tradução de Peter Naumann. 3. ed. São Paulo: Revista dos Tribunais, 2013. p. 86.
(296) BEDAQUE, José Roberto dos Santos. *Direito e processo*: influência do direito material sobre o processo. 3. ed. rev. e ampl. São Paulo: Malheiros, 2003. p. 13.
(297) MÜLLER, Friedrich. *Metodologia do direito constitucional*. Tradução de Peter Naumann. 4. ed. rev. atual. e ampl. São Paulo: Revista dos Tribunais, 2010. p. 54.

Além do texto protetivo específico, referente à segurança e medicina do trabalho, o diploma constitucional[298] assegura também às partes, agora no âmbito processual, o direito, com eficácia imediata, de se acionar o Poder Judiciário para apreciar também as ameaças de lesões ao direito e a garantia do exercício do contraditório e da ampla defesa.

A partir dos elementos linguísticos e sistêmicos do texto constitucional, extrai-se da interpretação, mesmo que realizada de forma precária, que, no âmbito da segurança e da medicina do trabalho, o objetivo da Constituição é prevenir lesões, assegurado à parte o acesso ao Poder Judiciário e às garantias processuais fundamentais.

Na segunda etapa no processo de concretização, os dados reais, ainda que estes sejam derivados do chamado senso comum, são chamados a contribuir nesse processo construtivo. Nesse ponto, tem-se, que o não fornecimento de equipamentos de proteção individual ou a execução de labor em mobiliários antiergonômicos, por exemplo, favorecem o aparecimento de doenças ocupacionais.

No âmbito processual, funciona como situação ilustrativa do dado real o fato de que os empregados normalmente não ingressam em juízo reclamando parcelas descumpridas no curso do contrato de trabalho, em razão do risco de desemprego e de outras retaliações.

Seguindo o caminhar rumo à atividade de concretização, aparece a etapa do *Normtexte*[299], no qual o intérprete autêntico realiza de modo integrado a atividade de levantamento em abstrato dos textos legais apresentados pelo ordenamento jurídico.

Assim, associados aos elementos textuais da CRFB, devem ser buscados outros elementos de direito material e de direito processual de hierarquia infraconstitucional, relacionados à atividade preventiva judicial, como leis complementares, leis ordinárias, portarias do MTE, súmulas dos tribunais, dentre outros elementos que funcionam como fontes formais do direito.

O momento subsequente da atividade de concretização é representado pelo relato do caso, no qual as partes, as testemunhas, as autoridades de fiscalização, os peritos e os assistentes técnicos apresentam suas manifestações.

Desse modo, descrições realizadas durante a instrução processual como, por exemplo, de que havia a disponibilização de EPIs, sem a observância da certificação, ou mesmo com prazo de validade vencido, de que o mobiliário deixava de atender às regras de ergonomia, de que eram comuns as

---

(298) Nos termos do artigo 5º, incisos XXXV e LV e parágrafo primeiro da CRFB.
(299) O verbete pode ser traduzido como "conjunto de textos da norma".

reclamações de dores musculares, de que a exposição a agentes insalubres acontecia pouco tempo durante o dia de trabalho, ou de que os trabalhadores deixavam de reivindicar com seus superiores os descumprimentos são manifestações que devem ser consideradas para que, em uma quinta etapa, o profissional do direito possa selecionar os fatos significativos, a partir dos textos legais disponibilizados pelo ordenamento jurídico.

Superada a etapa da filtragem dos fatos significativos no plano da dogmática jurídica, passa-se à delimitação do âmbito da matéria. Nesse estágio, são investigados pelo intérprete autêntico os dispositivos legais e os dados fáticos que apresentem relevância[300].

No caso, são observadas, sob o prisma processual, além do texto constitucional, as regras do CPC de 1973 contidas nos artigos 244, 460 e 461, §5º e nos artigos 277, 492, 497, 536 e 537 do novo CPC que positivam, respectivamente, os princípios de que inexiste nulidade sem prejuízo, o da adstringência aos elementos subjetivos e objetivos da demanda e o da possibilidade de atuação *ex-officio* para garantir a realização prática do comando mandamental.

Além do próprio diploma processual civil, são observados na CLT, no âmbito processual, os princípios da ultrapetição e da simplicidade contidos no artigo 840 e daquele princípio supletivo que autoriza a aplicação do CPC, nos termos do artigo 769 do diploma consolidado e do artigo 15 do novo CPC.

No âmbito do direito material, são filtrados pelo intérprete os textos da CRFB, da CLT, das normas regulamentadoras do MTE, que positivam e regulamentam o princípio de proteção ao meio ambiente de trabalho em seus diversos aspectos preventivos e repressivos, tais como: nas atividades de fiscalização, nos equipamentos necessários à neutralização dos agentes insalubres, dentre outras situações ilustrativas.

A sétima etapa no processo de construção da norma jurídica consiste em relacionar o âmbito da matéria com os elementos peculiares da situação concreta.

No âmbito das normas de proteção ao meio ambiente do trabalho, são verificados pelo órgão julgador, de forma exemplificativa, o tempo e o nível de exposição aos agentes insalubres, a periodicidade na troca desses equipamentos, a existência de fiscalização na utilização de equipamentos, o quantitativo de empregados que utilizam os maquinários sem equipamentos de proteção, além de outros aspectos relevantes da situação fática.

---

(300) MÜLLER, Friedrich. Teses sobre a estrutura das normas jurídicas. *Revista dos Tribunais*, São Paulo, ano 102, vol. 929, mar. 2013. p. 206.

O programa da norma, como adverte Friedrich Müller[301], representa o retorno ao sexto passo no processo de concretização. Entretanto, nesse oitavo passo, são apresentadas as diversas interpretações possíveis dos textos legais anteriormente selecionados, a partir de elementos gramaticais, sistemáticos, históricos, genéticos e teleológicos, já examinados na primeira parte do trabalho.

Ao se tomar por base o dialeticismo, as interpretações possíveis são representadas pelas diversas perspectivas de atuação jurisdicional observadas nos três paradigmas de Estado, que representam o mundo ocidental desde o século XVIII: o Estado liberal de Direito, o Estado social de Direito e o Estado democrático de Direito.

A interpretação concebida no modelo do Estado liberal de Direito, fundada no elemento literal, implica o reconhecimento de um magistrado que, na atividade jurisdicional, é adstrito fielmente aos limites subjetivos e objetivos da demanda.

Dessa forma, ao proferir decisões, estas devem atingir apenas as partes litigantes e serem restritas ao que fora pedido (pedidos imediato e mediato), a partir dos fundamentos fáticos e jurídicos levantados e discutidos durante a instrução processual.

No paradigma do Estado social de Direito, é concebida uma atividade criativa do magistrado no âmbito do direito material, mais ligada ao elemento teleológico de interpretação.

A posição do juiz no processo é ampliada, competindo-lhe a efetivação dos direitos fundamentais sociais, dentre eles o direito fundamental social da proteção ao meio ambiente do trabalho saudável sem, todavia, ser possível o afastamento do princípio da adstrição entre o objeto do litígio e o objeto da sentença, tal como no cenário liberal.

A conjugação dos antagonismos, representados na interpretação do princípio da adstrição do Estado liberal para o Estado social, permite uma terceira via interpretativa possível a ser adotada no atual paradigma do Estado democrático de Direito, em que a Constituição figura como elemento central balizador na atividade hermenêutica.

A partir desse confronto, chega-se à posição de que, no modelo do Estado democrático de direito, o compromisso do juiz do trabalho, nos processos envolvendo a efetivação de direitos sociais, como o direito fundamental social ao meio ambiente de trabalho saudável, passa pela adoção de institutos típicos do direito processual civil, como a tutela inibitória, com a observância, na condução do processo, das garantias fundamentais do contraditório e

---

(301) MÜLLER, Friedrich. *O novo paradigma do direito*: introdução à teoria e metódica estruturantes. Tradução de Peter Naumann. 3. ed. São Paulo: Revista dos Tribunais, 2013. p. 135.

da ampla defesa, de modo a legitimar a posição proativa do juiz diante da situação concreta posta a julgamento.

Apresenta-se como interpretação possível aquela que autoriza, diante dos princípios informadores do processo e direito do trabalho da ultrapetição, de que não há nulidade sem prejuízo, da proteção ao hipossuficiente, da proteção integral ao meio ambiente do trabalho, da prevenção e da precaução, dentre outros já referidos ao longo do trabalho, a concessão de tutela jurisdicional preventiva *ultra partes*, mesmo que a demanda individual tenha objeto imediato a pretensão condenatória repressiva e ressarcitória, em vista a efeitos pecuniários.

Fixadas na oitava etapa as interpretações possíveis, passa-se para a fixação do âmbito da norma. Nesse estágio, o intérprete aplica o programa da norma, ou seja, as múltiplas interpretações possíveis, aos dados empíricos trazidos na quinta etapa do processo[302].

Na nona etapa no processo de concretização, portanto, devem ser considerados pelo intérprete autêntico os fatos relevantes que, no âmbito da segurança e medicina do trabalho, estão relacionados ao descumprimento das medidas de proteção pelo empregador e também em razão da realidade processual, na qual os empregados, em razão do temor de perderem os empregos ou sofrerem retaliações, deixam de postular direitos sonegados no curso do contrato de trabalho.

O décimo passo no procedimento estruturante representa a elaboração da norma jurídica, diretamente relacionada à situação concreta. Afirma Adeodato[303], de forma concisa e bastante elucidativa, que na teoria estruturante de Müller "a norma jurídica é exatamente o somatório do programa da norma e do âmbito da norma".

Assim, ao se verificar, após a instrução processual, que, por exemplo, o empregador deixou de fornecer os equipamentos de segurança e que, por esse motivo, ocorreu o infortúnio do trabalho, associado ao fato de que o empregado somente ingressou com a reclamação trabalhista após a extinção do contrato de trabalho, é construída a norma no sentido de determinar que aquele empregador seja sancionado, de modo que o dano seja reparado e que lesões como as já ocorridas não venham a se repetir em outro momento.

E, por fim, como norma de decisão na situação concreta, apresenta-se aquela que condena o empregador não apenas a ressarcir o dano sofrido pelo empregado, nos moldes postulados na demanda individual, mas também, em razão da natureza de ordem pública das normas de segurança e medicina do

---

(302) MÜLLER, Friedrich. Teses sobre a estrutura das normas jurídicas. *Revista dos Tribunais*, São Paulo, ano 102, vol. 929. p. 193-209, mar. 2013.

(303) ADEODATO, João Maurício. *Ética e retórica:* para uma teoria da dogmática jurídica. São Paulo: Saraiva, 2002. p. 250.

trabalho, venha a adotar as medidas de segurança ou mesmo se abster de condutas, que possam ocasionar novas lesões.

Um ponto que merece destaque reside no fato de que a construção da norma jurídica no caso concreto pode ocorrer tanto originalmente no órgão julgador singular quanto nas instâncias ordinárias.

O diploma processual civil, aplicado supletivamente ao processo do trabalho por força dos artigos 769 da CLT e 15 do novo CPC, é expresso no artigo 515, § 3º do antigo CPC e no artigo 1013, § 3º do novo CPC, ao autorizar o julgamento em grau de recurso ordinário, sem que haja a supressão de instância, se a demanda versar sobre matéria exclusivamente de direito e estiver em condições de julgamento.

Nada impede, assim, em sendo assegurado o contraditório e a ampla defesa em primeiro grau de jurisdição, em que se discutiu o cumprimento ou não de normas de segurança e de medicina do trabalho, que o órgão *ad quem* possa construir a norma jurídica determinando ao empregador omisso que adote as medidas tendentes a evitar danos futuros a outros empregados.

No cenário do Estado democrático de Direito, o ordenamento jurídico dispõe da tutela mandamental inibitória, positivada nos artigos 461 do CPC de 1973, 497, parágrafo único do novo CPC e 84 do CDC, na qual o magistrado, diante da situação fática posta a julgamento, possa determinar o cumprimento de obrigações de fazer ou de abstenções por parte do empregador, tendentes a evitar novos dados à saúde e à integridade dos trabalhadores.

Para tanto, é disponibilizado ao magistrado de primeiro e de segundo grau de jurisdição um arsenal de medidas preventivas, como, ilustrativamente, multas, interdições, remoções de pessoas ou coisas, dentre outras que podem ser majoradas ou modificadas no curso do processo, caso se revelem insuficientes para impedir a manutenção da conduta antijurídica do empregador.

Da mesma forma, é possível conceber em tese a possibilidade de concessão da tutela inibitória de ofício também em favor do réu, já que o dever jurídico de fiscalização e de observância das normas de segurança pertence, diante do princípio da cooperação[304], a ambos os atores da relação de emprego, e não apenas ao empregador.

Como fora ressaltado no subitem 3.1 do trabalho, ao ocupante do polo passivo da relação processual também interessa a solução da "crise de direito".

---

(304) O princípio da cooperação, em matéria de segurança e medicina do trabalho, possui uma de suas vertentes positivadas no artigo 158, II da CLT.

Assim, uma vez restado comprovado, após a instrução processual em uma demanda coletiva ajuizada por substituto processual, por exemplo, que o empregador fornecia todos os equipamentos de proteção necessários à neutralização do risco e realizava a fiscalização adequada, nos termos do artigo 157, II da CLT, mas que os empregados eram relutantes à sua adoção, é possível haver condenação de ofício na obrigação de fazer tendente a exigir dos substituídos processuais a observância das normas de segurança.

Somente com a perspectiva preventiva de lesões é que se pode buscar, no âmbito das relações massificadas de trabalho, o verdadeiro sentido do princípio fundamental do acesso à justiça, pois permite que os empregados atuais e os que futuramente sejam contratados não venham a sofrer danos à saúde e à incolumidade físicas e psíquicas, em decorrência do descumprimento por parte dos empregadores das normas de segurança e de medicina do trabalho.

A atividade de prevenção, por meio da tutela inibitória de ofício nas demandas individuais, representa a abertura de uma nova possibilidade para a atividade jurisdicional, que deve ter como norte a preocupação com a efetividade das decisões no plano material.

# Considerações Finais

A Constituição da República Federativa do Brasil de 1988 fez a opção, desde o preâmbulo, pela adoção do paradigma Estado democrático de Direito. Esse posicionamento de modelo estatal implicou a necessidade de o Intérprete autêntico realizar uma releitura do positivismo jurídico, especialmente dos textos normativos e principiológicos de direito processual, agora cotejados à luz das diretrizes constitucionais.

Superam-se, assim, as limitações criativas impostas pelo modelo do Estado liberal, em que os magistrados, diante da situação concreta, devem se limitar à aplicação da literalidade dos textos elaborados pelos órgãos legiferantes, confundidos com a própria norma jurídica em si.

Os julgamentos e, consequentemente, a concessão das tutelas jurisdicionais, portanto, nesse modelo são reflexos de um perfil conservador de magistrado que, em nome da garantia incondicional das liberdades, limita-se a ser um mero reprodutor dos textos legais.

As demandas, por meio dos seus elementos de identificação objetivos e subjetivo, limitam a atuação jurisdicional. A cominação de nulidades processuais, para julgamentos *extra petita* ou mesmo *ultra petita*, representam a preocupação do legislador do modelo liberal por priorizar a forma, em detrimento do direito material subjacente na relação jurídica.

A passagem para um modelo de atuação judicial, preocupado com a efetividade dos direitos fundamentais, especialmente os de natureza social, representou um primeiro passo para o rompimento do paradigma liberal.

Essa primeira negação implicou, ainda que amoldada na dogmática juspositivista, uma mudança de perfil do juiz, que passa a se preocupar com a produção de efeitos concretos das decisões, ainda que de forma limitada às partes e ao objeto da demanda.

Os elementos identificadores da demanda ainda representam, no modelo de atuação no Estado social, limites para a atuação jurisdicional, não obstante a mudança de perspectiva do processo, que passa a ter como pano de fundo a preocupação do Poder Judiciário em conferir efetividade dos direitos fundamentais sociais.

As dificuldades práticas para garantir a efetividade das decisões, associada a um novo perfil de demandas de uma sociedade permeada com conflitos massificados, aumentando as taxas de congestionamento do Poder Judiciário trabalhista, implicaram uma nova negação do modelo anterior de atuação jurisdicional, marcada pelos aspectos da individualidade e da função repressiva da tutela.

A ordem do dia passa a ser ditada pela preocupação preventiva de lesões aos direitos fundamentais, principalmente dos vulneráveis econômicos, como os trabalhadores. Estes são alijados por circunstâncias fáticas, como o risco de desemprego e de sofrerem retaliações, de postularem em Juízo, durante a vigência do contrato de trabalho, direitos sonegados por seus empregadores.

A centralidade do texto constitucional, fundada na positivação das garantias e dos princípios do amplo acesso à justiça, do contraditório e da ampla defesa, da duração razoável do processo, da proteção ao trabalhador, da proteção ao meio ambiente de trabalho saudável, da prevenção e da precaução autoriza e legitima, agora em perspectiva pós-positivista, a atividade criativa do magistrado do trabalho, preocupado com a promoção dos direitos fundamentais sociais dos trabalhadores, sem se desvencilhar do ideal da segurança jurídica.

Nesse cenário, a técnica processual da tutela inibitória apresenta-se como instrumento disponibilizado pelo legislador ordinário idôneo a reduzir as demandas individualizadas e pulverizadas, sejam nas ações individuais ou nas coletivas propostas por legitimados extraordinários.

A preocupação constitucional com a prevenção do dano em vez da repressão compensatória do ilícito, especialmente quando estão envolvidos direitos fundamentais de natureza metaindividual de hipossuficientes, como o direito à proteção ao meio ambiente do trabalho saudável, confere legitimidade ao processo de adaptação judicial de mecanismos e técnicas processuais já positivados, de modo a garantir que esses instrumentos sejam realizadores do direito material.

Daí por que é possível conceber, desde que observada a garantia do contraditório e da ampla defesa, a construção da norma jurídica que, diante da situação concreta, autorize a concessão, para além do pedido e da causa de pedir, de tutela condenatória mandamental inibitória *ex-officio*, de modo a constranger o empregador a observar para todos os trabalhadores o cumprimento das normas de segurança e de medicina do trabalho.

A síntese dialética, no cenário do pós-positivismo, é marcada pela possibilidade dada ao magistrado do trabalho de criar normas jurídicas de índole processual, como a tutela inibitória de ofício, que assegurem a efetividade dos direitos fundamentais, como o direito ao meio ambiente do trabalho saudável.

A adoção desse procedimento permite conceber um sistema processual preocupado com a efetividade do direito material, com reflexos diretos na redução de reclamações trabalhistas no âmbito do Poder Judiciário envolvendo violações individuais de normas de segurança e de medicina do trabalho.

# Referências Bibliográficas

ADEODATO, João Maurício. *Ética e retórica:* para uma teoria da dogmática jurídica. São Paulo: Saraiva, 2002.

_____ . Norma jurídica como decisão dotada de efetividade. *Revista Jurídica da Presidência*, Brasília, v. 15, n. 106, p. 307-335, jun./set. 2013.

ALVIM, Eduardo Arruda. *Direito processual civil*. 5. ed. São Paulo: Revista dos Tribunais, 2013.

ANTUNES, Paulo de Bessa. *Direito ambiental*. 13. ed. rev. e atual. Rio de Janeiro: Lumen Juris, 2011.

ARENHART, Sérgio Cruz. *A tutela coletiva de interesses individuais*: para além da proteção dos interesses individuais homogêneos. São Paulo: Revista dos Tribunais, 2013.

_____ . *Perfis da tutela inibitória coletiva*. São Paulo: Revista dos Tribunais, 2003.

ARMELIN, Donaldo. Tutela jurisdicional diferenciada. *Revista de Processo*, São Paulo, ano 17, n. 65, p. 45-55, jan./mar. 1992.

ASSIS, Araken de. *Cumulação de ações*. 2. ed. São Paulo: Revista dos Tribunais, 1995.

ÁVILA, Humberto. *Teoria dos princípios*: da definição à aplicação dos princípios jurídicos. 14. ed. atual. São Paulo: Malheiros, 2013.

BAHIA, Alexandre Gustavo Melo Franco. A interpretação jurídica no estado democrático de direito: contribuição a partir da teoria do discurso de Jürgen Habermas. In: CATTONI, Marcelo (Org.). *Jurisdição e Hermenêutica Constitucional*. Belo Horizonte: Mandamentos, 2004.

BARBOSA MOREIRA, José Carlos. A função social do processo civil moderno e o papel do juiz e das partes na direção e na instrução do processo. *Revista de Processo*, São Paulo, ano X, n. 37, p.140-150, jan./mar. 1985.

_____ . *Temas de direito processual*: segunda série. 2. ed. São Paulo: Saraiva, 1988.

_____ . *Temas de direito processual*: terceira série. São Paulo: Saraiva, 1984.

BARROS, Alice Monteiro de. *Curso de direito do trabalho*. 6. ed. São Paulo: LTr, 2010.

BARROSO, Luís Roberto. Neoconstitucionalismo e constitucionalização do direito. *Boletim de direito administrativo*, São Paulo, ano 23, n. 1, p. 20-49, jan. 2007.

_____ . *O direito constitucional e a efetividade de suas normas*: limites e possibilidades da Constituição Brasileira. 4. ed. ampl. e atual. Rio de Janeiro: Renovar, 2000.

BEBBER, Júlio César. *Princípios do processo do trabalho*. São Paulo: LTr, 1997.

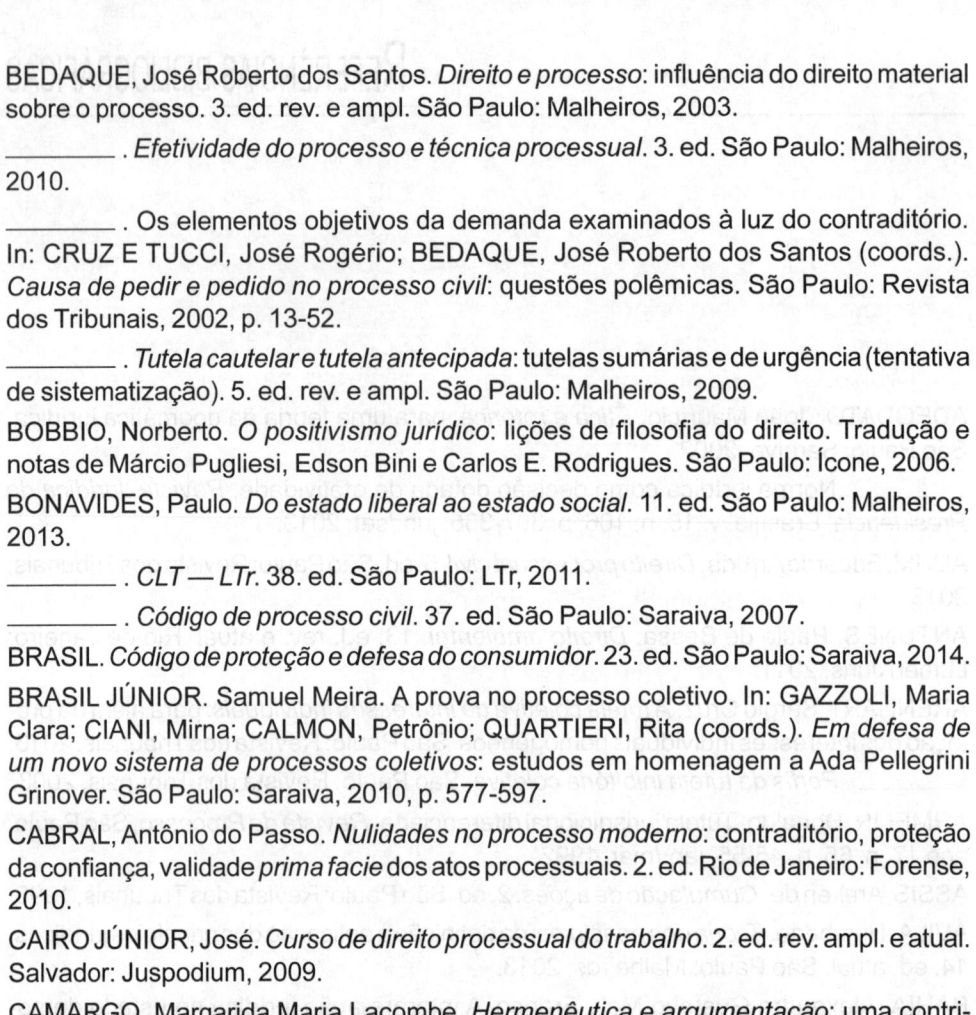

BEDAQUE, José Roberto dos Santos. *Direito e processo*: influência do direito material sobre o processo. 3. ed. rev. e ampl. São Paulo: Malheiros, 2003.

_____. *Efetividade do processo e técnica processual*. 3. ed. São Paulo: Malheiros, 2010.

_____. Os elementos objetivos da demanda examinados à luz do contraditório. In: CRUZ E TUCCI, José Rogério; BEDAQUE, José Roberto dos Santos (coords.). *Causa de pedir e pedido no processo civil*: questões polêmicas. São Paulo: Revista dos Tribunais, 2002, p. 13-52.

_____. *Tutela cautelar e tutela antecipada*: tutelas sumárias e de urgência (tentativa de sistematização). 5. ed. rev. e ampl. São Paulo: Malheiros, 2009.

BOBBIO, Norberto. *O positivismo jurídico*: lições de filosofia do direito. Tradução e notas de Márcio Pugliesi, Edson Bini e Carlos E. Rodrigues. São Paulo: Ícone, 2006.

BONAVIDES, Paulo. *Do estado liberal ao estado social*. 11. ed. São Paulo: Malheiros, 2013.

_____. *CLT — LTr*. 38. ed. São Paulo: LTr, 2011.

_____. *Código de processo civil*. 37. ed. São Paulo: Saraiva, 2007.

BRASIL. *Código de proteção e defesa do consumidor*. 23. ed. São Paulo: Saraiva, 2014.

BRASIL JÚNIOR. Samuel Meira. A prova no processo coletivo. In: GAZZOLI, Maria Clara; CIANI, Mirna; CALMON, Petrônio; QUARTIERI, Rita (coords.). *Em defesa de um novo sistema de processos coletivos*: estudos em homenagem a Ada Pellegrini Grinover. São Paulo: Saraiva, 2010, p. 577-597.

CABRAL, Antônio do Passo. *Nulidades no processo moderno*: contraditório, proteção da confiança, validade *prima facie* dos atos processuais. 2. ed. Rio de Janeiro: Forense, 2010.

CAIRO JÚNIOR, José. *Curso de direito processual do trabalho*. 2. ed. rev. ampl. e atual. Salvador: Juspodium, 2009.

CAMARGO, Margarida Maria Lacombe. *Hermenêutica e argumentação*: uma contribuição ao estudo do direito. 3. ed. rev. atual. Rio de Janeiro: Renovar, 2011.

CANARIS, Claus-Wilhelm. *Pensamento sistemático e conceito de sistema na ciência do direito*. 5. ed. Lisboa: Fundação Calouste Gulbenkian, 2012.

CANOTILHO, José Joaquim Gomes. *Direito constitucional e teoria da constituição*. 7. ed. Coimbra: Almedina, 2011.

CAPPELLETTI, Mauro. *Juízes legisladores?* Tradução de Carlos Alberto Álvaro de Oliveira. Porto Alegre: Sérgio Antônio Fabris Editor, 1993.

_____; GARTH Bryant. *Acesso à justiça*. Tradução de Ellen Gracie Northfleet. Porto Alegre: Sérgio Antônio Fabris Editor, 1988.

CARLI, Carlo. *La demanda civil*. Buenos Aires: Editorial Lex, 1973.

CARNELUTTI, Francesco. *Instituições do processo civil*. Tradução de Adrián Sotero de Witt Batista. Campinas: Servanda, 1999. v. I.

CARVALHO NETTO, Menelick de. Requisitos pragmáticos da interpretação jurídica sob o paradigma do Estado Democrático de Direito. *Revista de Direito Comparado*, Belo Horizonte, vol. 3, p. 473-486. 1999.

CATTONI, Marcelo. *Direito constitucional*. Belo Horizonte: Mandamentos, 2002.

CHIOVENDA, Giuseppe. *Instituições de direito processual civil*. 4. ed. Campinas: Bookseller, 2009.

CHRISTENSEN, Ralph. Teoria estruturante do direito. In: MÜLLER, Friedrich. *O novo paradigma do direito*: introdução à teoria e metódica estruturantes do direito. Tradução de Peter Naumann. 3. ed. São Paulo: Revista dos Tribunais, 2013.

COMOGLIO, Luigi Paolo; FERRI, Corrado; TARUFFO, Michele. *Lezioni sul processo civile*. 5. ed. Bolonha: Il Mulino, 1995. v. I.

CONTE, Christiany Pegorari. A aplicabilidade da teoria estruturante no direito contemporâneo face à crise do positivismo clássico. In: XVII Congresso Nacional do CONPEDI. *Anais do XVII Congresso Nacional do CONPEDI*. Brasília: <http://www.conpedi.org.br/anais_brasilia.html>, 2008. p. 5.953-5.965.

COUTURE, Eduardo J. *Fundamentos del derecho procesal civil*. 3. ed. Buenos Aires: Roque Depalma Editor, 1958.

DELGADO, Mauricio Godinho. *Curso de direito do trabalho*. 4. ed. São Paulo: LTr, 2005.

DINAMARCO, Cândido Rangel. *A instrumentalidade do processo*. 15. ed. São Paulo: Malheiros, 2013.

_____. *Instituições de direito processual civil*. 4. ed. São Paulo: Malheiros, 2004. v. I.

_____. Tutela jurisdicional. *Revista de Processo*, São Paulo, n. 81, p. 54-81, jan./mar. 1996.

DRI, Clarissa Franzoi. Antiformalismo jurídico *versus* jusnaturalismo: uma releitura crítica. *Revista da Ajuris*, Porto Alegre, ano XXXVI, n. 116, p. 113-128, dez. 2009.

ESTELLITA, Guilherme. *Da cousa julgada*. Rio de Janeiro: Livro do Vermelho, 1936.

FAVA, Marcos Neves. *Ação civil pública trabalhista*: teoria geral. 2. ed. São Paulo: LTr, 2008.

FELICIANO, Guilherme Guimarães. Tutela inibitória em matéria labor-ambiental. *Revista do TST*, Brasília, vol. 77, n. 4, p. 140-161, out./dez. 2011.

FERNANDES, Ricardo Vieira de Carvalho; BICALHO, Guilherme Pereira Dolabella. Do positivismo ao pós-positivismo jurídico. *Revista de Informação Legislativa*, Brasília, ano 48, n. 189, p. 105-131, jan./mar. 2011.

FERRAJOLI, Luigi. Pasado y futuro del estado de derecho. In: CARBONELL, Miguel (Org.). *Neoconstitucionalismo (s)*. 4. ed. Madri: Editorial Trota, 2009.

FRIGNANI, Aldo. *L'injunction nella common law e l'inibitoria nel diritto italiano*. Milão: Giuffrè, 1974.

FUX, Luiz. *Curso de direito processual civil*. Rio de Janeiro: Forense, 2001.

GERALDES, António Santos Abrantes. *Temas da reforma do processo civil*. 2. ed. rev. e ampl. Coimbra: Almedina, 2010. v. I.

GRAU, Eros Roberto. *Por que tenho medo dos juízes*: a interpretação/aplicação do direito e os princípios. 6. ed. São Paulo: Malheiros, 2013.

GRINOVER, Ada Pelegrini. *O processo em sua unidade*. Rio de Janeiro: Forense, 1984.

JOUANJAN, Olivier. De Hans Kelsen a Friedrich Müller: método jurídico sob o paradigma pós-positivista. In: MÜLLER, Friedrich. *O novo paradigma do direito*: introdução à teoria e metódica estruturantes do direito. Tradução de Peter Naumann. 3. ed. São Paulo: Revista dos Tribunais, 2013.

KELSEN, Hans. *Teoria pura do direito*. Tradução de João Baptista Machado. 6. ed. São Paulo: Martins Fontes, 1998.

KIM, Richard Pae. Neoconstitucionalismo — hermenêutica constitucional e atividade jurisdicional na tutela dos direitos do cidadão. *Revista da Ajuris*, Porto Alegre, ano XXXVI, n. 116, p. 269-290, dez. 2009.

KUHN, Thomas S. *A estrutura das revoluções científicas*. Trad. Beatriz Vianna Boeira e Nelson Boeira. São Paulo: Perspectiva, 1994.

LEITE, Carlos Henrique Bezerra. *Ação civil pública*. São Paulo: LTr, 2001.

_____. *Ação civil pública na perspectiva dos direitos humanos*. 2. ed. São Paulo: LTr, 2008.

_____. *Curso de direito processual do trabalho*. 5. ed. São Paulo: LTr, 2007.

_____. *Direitos humanos*. 2. ed. Rio de Janeiro: Lumen Juris, 2011.

LOPES, Teresa Ancona. *Princípio da precaução e evolução da responsabilidade civil*. São Paulo: Quartier Latin, 2010.

MALLET, Estêvão. Considerações sobre a homogeneidade como pressuposto para a tutela coletiva de direitos individuais. In: MALLET, Estêvão; SANTOS, Enoque Ribeiro dos (coordenadores). *Tutela processual coletiva*: temas. São Paulo: LTr, 2010.

MANCUSO, Rodolfo de Camargo. Ação civil pública trabalhista: análise de alguns pontos controvertidos. *Revista de Processo*, São Paulo, ano 24, n. 93, p. 59, jan./mar. 1999.

_____. *Acesso à justiça*: condicionantes legítimas e ilegítimas. São Paulo: Revista dos Tribunais, 2011.

MARINONI, Luiz Guilherme; ARENHART, Sérgio Cruz. *Manual do processo de conhecimento*. 5. ed. rev., atual. e ampl. São Paulo: Revista dos Tribunais, 2006.

_____. *Técnica processual e tutela de direitos*. São Paulo: Revista dos Tribunais, 2004.

_____. *Teoria geral do processo*. São Paulo: Revista dos Tribunais, 2006.

_____. *Tutela inibitória*: individual e coletiva. 5. ed. rev. São Paulo: Revista dos Tribunais, 2012.

MASCARO, Alysson Leandro. *Filosofia do Direito*. 2. ed. São Paulo: Atlas, 2012.

MAXIMILIANO, Carlos. *Hermenêutica e aplicação do direito*. 20. ed. Rio de Janeiro: Forense, 2013.

MIRANDA, Pontes de. *Tratado das ações*. Campinas: Bookseller, 1998. v. 1.

MONTESQUIEU, Charles de Secondat Baron de. *Do espírito das leis*. Tradução de Roberto Leal Ferreira. São Paulo: Martin Claret, 2010.

MOREIRA, Nelson Camatta. A interpretação hermenêutica e o paradigma do direito racional formalista. *Revista Estudos Jurídicos*, São Leopoldo, vol. 38, n. 2, p. 83-92, maio/ago. 2005.

MÜLLER, Friedrich. *Direito, linguagem, violência*: elementos de direito constitucional I. Tradução de Peter Naumann. Porto Alegre: Sérgio Antônio Fabris Editor, 1995.

_____. *Discours de la méthode juridique*. Tradução de Olivier Jouanjan. Paris: Press Universitaires de France, 1996.

_____. *Metodologia do direito constitucional*. Tradução de Peter Naumann. 4. ed. rev. atual. e ampl. São Paulo: Revista dos Tribunais, 2010.

_____. *O novo paradigma do direito*: introdução à teoria e metódica estruturantes. Tradução de Peter Naumann. 3. ed. São Paulo: Revista dos Tribunais, 2013.

_____. *Teoria estruturante do direito*. Tradução de Peter Naumann e Eurides Avance de Souza. 3. ed. rev. e atual. São Paulo: Revista dos Tribunais, 2011.

_____. Teses sobre a estrutura das normas jurídicas. *Revista dos Tribunais*, São Paulo, ano 102, vol. 929, p. 193-209, mar. 2013.

NERY JUNIOR, Nelson; NERY, Rosa Maria de Andrade. *Código de processo civil comentado e legislação extravagante*. 11. ed. rev., ampl. e atual. São Paulo: Revista dos Tribunais, 2010.

_____. *Princípios do processo na Constituição Federal*. 10. ed. rev., atual. e ampl. São Paulo: Revista dos Tribunais, 2010.

NIGRO, Rachel. A virada linguístico-pragmática e o pós-positivismo. *Revista Direito, Estado e Sociedade*, Rio de Janeiro, n. 34, p. 170-211, jan./jun. 2009.

OLIVEIRA, Bruno Silveira de. *Conexidade e efetividade processual*. São Paulo: Revista dos Tribunais, 2007.

OLIVEIRA, Sebastião Geraldo de. *Indenizações por acidente do trabalho ou doença ocupacional*. 3. ed. São Paulo: LTr, 2007.

PEDRA, Adriano Sant'Ana. *Mutação constitucional*: interpretação evolutiva da Constituição na democracia constitucional. Rio de Janeiro: Lumen Juris, 2013.

PERLINGIERI, Pietro. *Perfis do direito civil*: introdução ao direito civil constitucional. 2. ed. Rio de Janeiro: Renovar, 2002.

PIÇARRA, Nuno. *A separação dos poderes como doutrina e princípio constitucional*: um contributo para o estudo das suas origens e evolução. Coimbra: Coimbra Editora Limitada, 1989.

PIMENTA, José Roberto Freire. A tutela metaindividual dos direitos trabalhistas: uma exigência constitucional. In: PIMENTA, José Roberto Freire; BARROS, Juliana Augusta Medeiros de; FERNANDES, Nadia Soraggi (Coord.). *Tutela metaindividual trabalhista*: a defesa coletiva dos direitos dos trabalhadores em juízo. São Paulo: LTr, 2009. p. 9-50.

_____. Tutelas de urgência no processo do trabalho: o potencial transformador das relações trabalhistas das reformas do CPC brasileiro. In: PIMENTA, José Roberto Freire; RENAULT, Luiz Otávio Linhares; VIANA, Marco Túlio; DELGADO, Maurício Godinho; BORJA, Cristina Pessoa Pereira (coords.). *Direito do trabalho*: evolução, crise, perspectivas. São Paulo: LTr, 2004.

PISANI, Andrea Proto. *Studi di diritto processuale del lavoro*. Milão: Franco Angeli, 1976.

POZZOLO, Susanna. Un constitucionalismo ambiguo. In: CARBONELL, Miguel (Org.). *Neoconstitucionalismo (s)*. 4. ed. Madri: Editorial Trota, 2009.

RAPISARDA, Cristina. *Profili della tutela civile inibitoria*. Padova: CEDAM, 1987.

SARLET, Ingo Wolfgang. *A eficácia dos direitos fundamentais*: uma teoria geral dos direitos fundamentais na perspectiva constitucional. 10. ed. rev. atual. e ampl. Porto Alegre: Livraria do Advogado Editora, 2010.

_____. Segurança social, dignidade da pessoa humana e proibição de retrocesso: revisitando o problema da proteção dos direitos fundamentais sociais. In: CANOTILHO, José Joaquim Gomes; CORREIA, Marcus Orione Gonçalves; CORREIA, Érica Paula Barcha (coords.). *Direitos fundamentais sociais*. São Paulo: Saraiva, 2010.

SCHIAVI, Mauro. *Princípios do processo do trabalho*. São Paulo: LTr, 2012.

SILVA, Ovídio Baptista da. *Do processo cautelar*. 3. ed. 2. Tiragem. Rio de Janeiro: Forense, 2001.

SPADONI. Joaquim Felipe. *Ação inibitória*: a ação preventiva prevista no art. 461 do CPC. 2. ed. rev. e atual. São Paulo: Revista dos Tribunais, 2007.

STRECK, Lênio Luiz. O (pós-) positivismo e os propalados modelos de juiz (Hércules, Júpiter e Hermes) — dois decálogos necessários. *Revista de Direitos e Garantias Fundamentais*, Vitória, n. 7, p. 15-45, jan./jun. 2010.

SUÁREZ, Christian Delgado. O panorama atual e a problemática procedimental em torno da tutela inibitória. *Revista de Processo*, São Paulo, ano 38, n. 226, p. 283-321, dez. 2013.

SUNDFELD, Carlos Ari. *Fundamentos de direito público*. 4. ed. 10. tiragem. São Paulo: Malheiros, 2009.

TALAMINI, Eduardo. *Tutela relativa aos deveres de fazer e de não fazer*. São Paulo: Revista dos Tribunais, 2001.

TARTUCE, Fernanda. *Igualdade e vulnerabilidade no processo civil*. Rio de Janeiro: Forense, 2012.

TASSARA, Andres Ollero. A crise do positivismo jurídico: paradoxos teóricos de uma rotina prática. *Revista dos Tribunais*: cadernos de direito tributário e finanças públicas, São Paulo, ano 1, n. 1, p. 7-32, out./dez. 1992.

TEIXEIRA FILHO, Manoel Antonio. *A prova no processo do trabalho*. 8. ed. rev. e ampl. São Paulo: LTr, 2003.

TEODORO, Maria Cecília Máximo. *O juiz ativo e os direitos trabalhistas*. São Paulo: LTr, 2011.

THEODORO JÚNIOR, Humberto. As sentenças determinativas e a classificação das ações. In: COSTA, Eduardo José da Fonseca; MOURÃO, Luiz Eduardo Ribeiro; NOGUEIRA, Pedro Henrique Pedrosa (Coord.). *Teoria quinária da ação*. Salvador: Juspodium, 2010, p. 315-330.

WAMBIER, Teresa Arruda Alvim. *Nulidades do processo e da sentença*. 4. ed. rev., atual. e ampl. São Paulo: Revista dos Tribunais, 1997.

WATANABE, Kazuo. *Da cognição no processo civil*. 2. ed. São Paulo: Cebepej, 1999.

WOLKMER, Antônio Carlos. Direitos humanos: novas dimensões e novas fundamentações. *Revista Direito em Debate*, Ijuí, ano X, n. 16-17, p. 9-32. jan./jun. 2002.

_____ ; LEITE, José Rubens Morato. *Os novos direitos no Brasil*: natureza e perspectivas. São Paulo: Saraiva, 2003.

YARSHELL, Flávio Luiz. *Tutela jurisdicional*. 2. ed. rev. e atual. São Paulo: DPJ Editora, 2006.

ZAVASCKI, Teori Albino. *Processo coletivo*: tutela de direitos coletivos e tutela coletiva de direitos. São Paulo: Revista dos Tribunais, 2006.

ZIPPELIUS, Reinhold. *Filosofia do Direito*. São Paulo: Saraiva, 2012.